KB138614

여/행/필/수

터키어 회화

엮은이 김 대 성

외국어도서전문

1945

문 예 림

김대성

약력   한국외국어대학교 터키어과 졸업
          터키 Hacettepe 대학교 역사학과 석사,박사
          현재 한국외국어대학교 동양어대학 터키어과 교수
저서   "오스만 제국근대화 1"펴내기, 1996
          "비와 토지"한국 외대 출판부, 1996
논문   "아타튀르크 집권기의 터어키의 고등교육과 일제식민
          통치하 한국의 고등교육 비교 연구"
          Hacettepe Univ., 1997 외 다수

여행필수
터키어 회화

초판 6쇄 인쇄·· 2008년 10월 15일

초판 6쇄 발행·· 2008년 10월 20일

편저자·· 김대성

발행인·· 서덕일

발행처··도서출판 문예림

출판등록··1962년 7월 12일 제2-110호

주소··서울 광진구 군자동1-13호 문예하우스 101호

전화··(02) 499-1281~2 팩스··(02) 499-1283

http://www.bookmoon.co.kr

Email:book1281@hanmail.net

ISBN·· 89-7482-105-2 32790

여/행/필/수

터키어 회화

터키공화국은 한국인들에게 매우 가깝게 느껴지는 여러 나라 가운데 하나다. 터키가 우리들에게 친숙하게 여겨지게 된 이유는 6·25 전쟁 발발시 연합국의 일원으로 참전하여 우리를 지원하였고 그 당시 터키 군인들이 보여준 성격이 정감을 느끼게하여 동양적이라는 점이 주변에 있던 사람들을 통해서 널리 알려질 수 있었기 때문이다. 특히 터키 군인들이 애송했던 '위스크다르'라는 노래는 연가(戀歌)로서 전후 대중들의 귀에 익숙해질 만큼 한때 유행하기도 했다. 게다가 터키어는 어순(語順)과 문법 체계가 유사해 한국어와 함께 알타이어로 분류돼 양 국가의 국민은 강한 유대감마저 공유하고 있는 것이 사실이다.

1923년에 수립된 터키공화국은 오스만제국의 계승국가로서 다양하고 찬란한 문화 유산을 가지고 있는 나라

이다. 특히, 소아시아에는 비잔틴제국의 기독교 문화와 오스만제국의 이슬람 문화 유산이 잘 보존돼 있어 방문객들의 감탄을 자아내게 한다. 무슬림인 터키인들이 콘스탄티노플을 정복한 뒤에도 기독교 문화 유산을 파괴하지 않은 것은 터키인들의 포용성을 대변해 주는 일면으로 설명하고 있다. 터키인들은 오스만 시대에 피지배민인 그리스인, 아르메니아인과 유대인 사회에 이슬람을 강요하지 않았으며 오히려 문화적 자치성과 고유성을 보장하는 관용 정책을 적용했었다.

터키를 방문하면 우선 문화의 다양성을 접하고 놀라지 않을 수 없다. 우선 이스탄불은 비잔틴제국의 수도로 1천년간의 비잔틴 문화 유산을 간직하고 있으며, 그 뒤 오스만제국이 지배하던 6세기 동안에 이슬람 문화가 뿌리를 내려 대도시에서 문화의 혼합이 이루어졌음을 확인할 수 있다. 일례로 비잔틴 예술의 극치인 성 소피아 성당과 오스만제국의 걸작품인 블루 모스크가 마주하고 있는 모습을 대할 수 있다. 뿐만 아니라 옥색 바다와 접해 있는 에게해와 지중해 해안에는 그리스와 로마시대의 유적들이 끊임없이 이어지고 있다.

한국인은 크게 어려움을 느끼지 않고 터키어를 구사할 수 있다. 터키어의 문법체계와 어순이 한국어와 유사하여 기초적인 문법을 익히고 기본적인 단어를 기억하고 있으면 간단한 의사소통이 가능하다. 터키어를 말할 때 한국인이 느끼는 어려움은 무엇보다 인칭어미와 시제어미를 구별하여 사용해야 한다는 것이다. 시제어미와 인칭어미 활용에 익숙해진다면 터키어 구사에 어느 정도 자신감을 갖게 될 수 있다.

이 책은 터키를 여행하거나 터키에 관심을 갖고 있는 사람들이 터키인들과 관계를 맺는 데 조금이나마 도움이 될 수 있기를 기대하면서 마련됐다. 이 책이 나올 수 있도록 도와준 김선옥 조교와 터키어 기초회화책의 필요성을 이해하시고 출판해 준 도서출판 문예림의 서덕일 사장님께 고마움을 느낀다.

1999년 3월
엮은이 김대성

■부록

여/행/필/수

터키어 회화

터키어 발음

1. 알파벳

대문자	소문자	문자명	한글대조
A	a	a	ㅏ
B	b	be	ㅂ
C	c	ce	ㅈ
Ç	ç	çe	ㅊ
D	d	de	ㄷ
E	e	e	ㅔ
F	f	fe	(/f/)
G	g	ge	ㄱ
Ğ	ğ	yumuşak ge	으, 장모음
H	h	he	ㅎ
I	ı	ı	ㅡ
İ	i	i	ㅣ

J	j	je	(/j/)
K	k	ke	ㅋ
L	l	le	ㄹ
M	m	me	ㅁ
N	n	ne	ㄴ
O	o	o	ㅗ
Ö	ö	ö	ㅚ
P	p	pe	ㅍ
R	r	re	ㄹ
S	s	se	ㅅ
Ş	ş	şe	(/ ʃ /)
T	t	te	ㅌ
U	u	u	ㅜ
Ü	ü	ü	ㅟ
V	v	ve	ㅚ
Y	y	ye	ㅑ
Z	z	ze	(/z/)

1 인사에 관한 관용 표현들

1. 안녕하세요.

Merhaba.

메르하바

2. 안녕하세요. (아침인사)

Günaydın.

귀나이든

3. 안녕하세요. (저녁인사)

İyi akşamlar.

이이　악샴라르

4. 안녕히 주무세요. (밤인사)

İyi geceler.

이이　게제레르

5. 안녕히 가세요.

Güle güle.

귈레　귈레

6. 안녕히 계세요.

Hoşça kalın.

호쉬차 칼른

☞ 친한 사이일 경우에는 Hoşça kal. 이라고 합니다.

호쉬차 칼

7. 안녕히 계세요.

Allahaısmarladık.

알라하으스마를라득

8. 좋은 하루 되세요.

İyi günler.

이이   귄레르

9. 주말 잘 보내세요.

İy haftasonlar!

이이 하프타손라르

10. 어떻게 지내십니까?

Nasılsınız?

나슬스느즈

11. 고맙습니다. 잘 지내고 있습니다.

Teşekkür ederim. İyiyim.

테쉐퀴르   에데림   이이임

☞ Ya siz? (그런데 당신은요?) 라고 되물어 주세요.

　　 야 시즈

※ 터키어에도 존칭어가 있는데 처음 만나거나 예의를 지켜야 하는 사이에서
는 공손하게 존칭어를 사용하는 것이 좋습니다.

즉, 처음에는 당신을 뜻하는 Siz를 사용하는 것이 좋으며 서로간에 어느 정도
가까워진 후에 너를 뜻하는 Sen을 사용할 수 있습니다.

그러나 주어의 인칭이 바뀌면 동사의 어미도 그에 따라 바뀌게 되며 이 책에
서는 존칭어 표현을 사용하였습니다.

12. 안녕?

Ne haber?

　　 네 　하베르

☞ 친한 사이끼리 사용합니다.

비슷한 표현으로 Ne var ne yok?이라는 표현이 있습니다.

　　　　　　　　　　　　　　　　　　 네 와르 네 욕

13. 하시는 일은 어떻습니까?

İşleriniz nasıl gidiyor?

이쉬레리니즈 　나슬 　기디요르

14. 잘 되고 있습니다.

İyi gidiyor.

이이 　기디요르

15. 그럭 저럭이요.

Şöyle böyle.

쇠일레 뵈일레

16. 부탁입니다.

Lütfen.

뤼트펜

17. 고맙습니다.

Teşekkür ederim.

테쉐퀴르   에데림

18. 대단히 고맙습니다.

Çok teşekkür ederim.

촉   테쉐퀴르   에데림

19. 고맙습니다.

Sağ olun.

사으 올룬

☞ 친한 사이에는 Sağ ol.이라고 합니다.

사으 올

20. 어떻게 감사드려야 할지 모르겠습니다.

Nasıl teşekkür edeceğimi bilmiyorum.

나슬   테쉐퀴르   에데제이미   빌미요룸

21. 모든 점에서 너무 감사드립니다.

Her şey için çok teşekkür ederim.

헤르 쉐이 이친 촉   테쉐퀴르   에데림

22. 별 거 아닌데요.

Bir şey değil.

비르 쉐이   데일

23. 천만에요.

Rica ederim.

리자   에데림

☞ 고맙습니다에 대한 대답 뿐 아니라 미안합니다에 대한
대답도 됩니다

24. 실례합니다.

Affedersiniz.

아페데르시니즈

25. 미안합니다.

Özür dilerim.

외쥐르   딜레림

26. 괜찮습니다.(별로 중요하지 않습니다.)

Önemli değil.

외넴리   데일

☞ 미안하다는 사과에 대한 대답으로 쓰입니다.

27. 상관 없어요.

Fark etmez.

파르크 에트메즈

☞ 어떤 제안을 했을 때 상대방 마음대로 하라는 의미입니다.

28. 축하합니다.

Kutlu olsun!

쿠틀루 올순

29. 축하합니다.

Tebrikler!

테브릭레르

30. 몸 조심하세요.

Kendinize iyi bakın.

켄디니제 이이 바큰

31. 쾌유를 빕니다.

Geçmiş olsun!

게취미쉬 올순

☞ 아픈 사람뿐만 아니라 안 좋은 일을 당했을 때 또는 힘든 일을 한 사람에게 쓰는 인사말입니다.

32. 새해를 축하합니다.

Yeni yılınız kutlu olsun!

예니   이을느느즈 쿠틀루   올순

33. 즐거운 축일이 되시기를!

Bayramınız kutlu olsun!

바이라므느즈   쿠틀루   올순

☞ 터키인들이 중요하게 여기는 종교 축일로 '라마단' 축일과 '희생절 축일이 있다. 라마단은 이슬람력으로 9월에 해당하며 금식의 달로 지키고 금식이 끝나게 되면 라마단 축일이 시작된다. 희생절에는 양 또는 소를 희생동물로 알라에게 바치는 일종의 제사의식이다.

34. 생일을 축하합니다.

Doğum gününüz kutlu olsun!

도움   귀뉘뉘즈   쿠틀르   올순

35. 어서 오십시오.

Hoş geldiniz.

호쉬   겔디니즈

36. 반갑습니다.

Hoş bulduk.

호쉬   불둑

☞ Hoş geldiniz.에 대한 답례입니다.

37. 성공을 빕니다.

Başarılar dilerim!

바샤르라르　딜레림

38. 좋은 여행되세요.

İyi yolculuklar!

이이　　욜주룩라르

39. 당신의 건강을 빕니다.

Afiyet olsun!

아피옛　올순

☞ 식사 전　식사 후에　쓰이는 표현입니다.

40. 당신 손에 건강이 있기를!

(맛있게 먹었습니다를 대신할 수 있는 표현)

Elinize sağlık!

엘리니제　사을륵

☞ 음식을 준비한 사람에게 하는 감사의 인사말입니다.

41. 또 봅시다.

Tekrar görüşürüz.

테크라르　괴뤼쉬뤼즈

42. 내일 만납시다.

Yarın görüşmek üzere!

야른　　괴뤼쉬멕　　위제레

43. 오래 사세요.

Çok yaşayın!

촉   야사이은

☞ 재채기를 한 사람에게 해 주는 인사말입니다.

친한 사이에는 Çok yaşa! 라고 하세요.

촉 야샤

44. 당신도 보세요. (당신도 오래 사세요)

Siz de görün!

시즈 데   괴륀

☞ Çok yaşayın! 에 대한 대답입니다.

☞ 친한 사이에는 Sen de gör! 라고 말하세요.

센 데 괴르

45. 즐거운 시간 보내세요.

İyi eğlenceler!

이이   에을렌제레르

46. 방학(휴가) 잘 보내세요.

İyi tatiller!

이이 타틸레르

47. 당신 지갑에 축복을.

Kesenize bereket!

케세니제   베레켓

☞ 상대방이 자신을 위해 비용을 지불했을 때 사용합니다.

❑ 우정과 사랑의 표현 수단인 인사말

터키어에는 매우 다양한 인사말들이 있습니다. 이는 그만큼 터키인들이 인사말이나 그 표현에 중요성을 부여하고 있다는 것을 의미하는 것입니다.

전통적으로 길에서 만나는 사람들 누구에게나 인사를 했고, 심지어는 아무도 없는 장소에 들어갈 때에도 인사말을 건네었던 터키인들에게 인사말은 우정과 사랑을 표현하는 수단이었습니다.

위에서 소개한 인사말들 중에서도 볼 수 있듯이

Afiyet olsun. (식사 전-후의 인사) 당신의 건강을 빕니다.
아피옛　　올순

Bereket versin. (상대방이 자신을 위해 어떤 비용을 부
베레켓　　뷔르신　　담했거나 상점에서 손님이 물건값을
　　　　　　　　　　지불했을 때) 신이 당신을 축복하소서.

Elinize sağlık. (맛있는 음식을 먹었을 때) 음식 솜씨가
엘리니제　사을륵　　좋습니다. 또는 신이 당신의 손에 건강을
　　　　　　　　　　주소서.

Güle güle kullanın.(어떤 물건을 샀을 때) 잘 사용하세요.
귈레　　귈레　　쿨란은

Güle güle oturun. (새로 이사했을 때) 잘 사세요.
귈레　　귈레　　오투룬

Başınız sağ olsun. (喪事가 있을 때) 슬퍼하지 마세요.
바쉬느즈 사으   올순

Geçmiş olsun. (어렵거나 곤란한 경우, 또는 병들었을 때)
게취미쉬   올순   잊으세요. 빨리 회복하세요.

등등의 다양한 인사말들을 형식적이 아닌 진심에서 사용하곤
합니다.

만일 부주의하여 인사말을 제대로 건네지 못했을 경우에는
그 사람이 무엇인가 불만을 가지고 있다고 간주될 수 있으므
로 상대방의 인사에 제대로 답변을 하는 것도 상대방에 대한
예의를 갖추는 것임을 잊지 않는 것이 좋으리라 생각됩니다.

2 소개 · 초대에 관한 관용 표현들

48. 만나서 반갑습니다.

Tanıştığımıza memnun oldum.

타느쉬트으므자　멤눈　올둠

49. 명함이 있으십니까?

İsim kartınız var mı?

이심　카르트느즈　와르　므

50. 제 명함을 드리겠습니다.

Kartımı veriyorum.

카르트므　웨리요룸

51. 이름이 무엇입니까?

Adınız ne?

아드느즈　네

☞ 같은 표현으로 İsminiz ne? 가 있습니다.

이스미니즈　네

52. 제 이름은 무라트입니다.

Adım Murat.

아듬　무라트

☞ İsmim Murat로도 대답할 수 있습니다.

이스밈　무라트

53. 어느 나라 사람입니까?

Nerelisiniz?

네렐리시니즈

54. 한국인입니다.

Koreliyim.

코렐리임

55. 한국 어디에서 오셨습니까?

Kore′ nin neresindensiniz?

코레닌　　네레신덴시니즈

56. 서울에서 왔습니다.

1) Seul′ denim.

세울덴임

2) Seul′ den geldim.

세울덴 겔딤

57. 제 친구를 소개하겠습니다.

Arkadaşımı sizinle tanıştıracağım.

아르카다쉬므   시진레   타느쉬트라자음

58. 제 친구 무라트입니다.

Arkadaşım Murat.

아르카다쉼   무라트

59. 몇 살이십니까?

Kaç yaşındasınız?

카츠   야슨다스느즈

60. 20살입니다.

Yirmi yaşındayım.

이르미   야슨다이음

61. 21살 입니다.

Yirmi bir yaşındayım.

이르미 비르   야슨다이음

62. 어디에 사십니까?

Nerede oturuyorsusnuz?

네레데   오투루요르수누즈

63. 찬카야에 삽니다.

Çankaya′da oturuyorum.

찬카야다   오투루요룸

64. 형제가 몇입니까?

Kaç kardeşiniz var?

카츠 카르데쉬니즈   와르

65. 2남매입니다. 오빠와 저요.

İki kardeşiz ; ağabeyim ve ben.

이키 카르데쉬즈   아아베임   웨 벤

66. 오빠는 저보다 2살 위입니다.

Ağabeyim benden iki yaş büyük.

아아베임   벤덴   이키 야쉬   뷔윅

67. 동생은 1살 어립니다.

Kardeşim benden bir yaş küçük.

카르데쉼   벤덴   비르 야쉬 퀴칙

68. 가족이 몇 명입니까?

Ailenizde kaç kişi var?

아일레니즈데 카츠 키쉬   와르

69. 무슨 일을 하십니까?

Ne iş yapıyorsunuz?

네 이쉬   야프요르수느즈

70. 직업이 무엇입니까?

Mesleğiniz ne?

메스레이니즈   네

71. 의사입니다.

Doktorum.

독토룸

72. 회사원입니다.

Şirkette çalışıyorum.

쉬르케트테　　찰르쉬요룸

73. 학생입니다.

Öğrenciyim.

외렌지임

74. 어느 학교에 다니십니까?

Hangi okulda okuyorsunuz?

한기　　오쿨다　　오쿠요르수누즈

75. 앙카라 대학에서 공부하고 있습니다.

Ankara Üniversitesi′nde okuyorum.

앙카라　　유니베르시테신데　　오쿠요룸

76. 무슨 학과 입니까?

Hangi bölümündesiniz?

한기　　　뵐륌윈데시니즈

77. 한국어과 입니다.

Korece bölümündeyim.

코레제　　　뵐륌윈데임

78. 터키어를 아십니까?

Türkçe biliyor musunuz?

튀르크체   빌리요르   무수누즈

79. 아니요. 터키어를 모릅니다.

Hayır. Türkçe bilmiyorum.

하이으르. 튀르크체   빌미요룸

80. 네, 조금 말할 수 있습니다.

Evet, biraz konuşabiliyorum.

에벳,   비라즈   코누샤빌리요룸

81. 몇 개의 언어를 아십니까?

Kaç dil biliyorsunuz?

카츠   딜   빌리요르수누즈

82. 3개국어로 말할 수 있습니다. 영어, 터키어 그리고
한국어요.

Üç dil konuşabiliyorum : İngilizce, Türkçe
ve Korece.

위치 딜   코누샤빌리요룸 :   잉길리즈제, 튀르크체
웨   코레제

83. 여기에 처음 오시는 것입니까?

Buraya ilk gelişiniz mi?

부라야   일크   겔리쉬니즈   미

84. 아니요. 작년에도 왔었습니다.

Hayır, geçen sene de gelmiştim.

하이으르 · 게첸 · 세네 · 데 · 겔미쉬팀

85. 즐거운 시간 보내고 계십니까?

Hoşça vakit geçiriyor musunuz?

호쉬차 · 와킷 · 게치리요르 · 무수누즈

86. 네, 아주 즐거운 시간 보내고 있습니다.

Evet, çok hoşça vakit geçiriyorum.

에벳, · 촉 · 호쉬차 · 와킷 · 게치리요룸

87. 혼자이십니까?

Tek başınıza mısınız?

텍 · 바쉬느자 · 므스느즈

88. 아니요, 가족과 함께입니다.

Hayır, ailemle geldim.

하이으르 · 아일렘레 · 겔딤

89. 저희 집에 오세요. 초대하겠습니다.

Bize gelin. Misafirimiz olun!

비제 · 겔린 · 미사피리미즈 · 올룬

90. 제 아내와 제가 여러분을 저녁식사에 초대하고 싶
습니다.

Eşim ve ben sizi akşam yemeğine davet
etmek istiyorum.

에쉼   웨   벤   시지 악샴 예메이네 다

에트멕   이스티요룸

91. 내일 저녁 식사에 와 주실 수 있으십니까?

Yarın akşam yemeğine gelebilir misiniz?

아른   악샴   예메이네   겔레빌리르   미시니즈

92. 오늘 저녁에 무엇을 하시겠습니까?

Bu akşam ne yapacaksınız?

부   악샴   네   야파작스느즈

93. 아직 결정을 내리지 못했습니다.

Henüz karar vermedim.

헤뉘즈   카라르   웨르메딤

94. 아마도 호텔에서 쉴 것입니다.

Herhalde otelde dinleneceğim.

헤르할데   오텔데   딘렌네제임

95. 파티가 있는데 당신도 오시겠습니까?

Parti var, siz de geliyor musunuz?

파르티   와르   시즈 데   겔리요르   무수누즈

96. 참 친절하시군요.

Çok naziksiniz.

촉　　나직시니즈

97. 기꺼이 가겠습니다.

Memnuniyetle gelirim.

멤누니예틀레　　겔리림

☞ 원래 gelmek은 '오다' 라는 의미의 동사인데 터키어에서
는 영어처럼 상대방을 향해서 갈 때 gelmek을 사용합니다.

98. 오늘은 너무 피곤합니다.

Bugün çok yorgunum.

부귄　　촉　　요르군움

99. 어제 밤에 전혀 자지 못했습니다.

Dün gece hiç uyuyamadım.

뒨　게제　히치　　우유야마듬

100. 호텔에서 쉬고 싶습니다.

Otelde dinlenmek istiyorum.

오텔데　　딘렌멕　　　이스티요룸

101. 몇 시에 갈까요?

Saat kaçta gelelim?

사아트　카츠타　겔렐림

102. 친구를 한 명 데려가도 될까요?

Bir arkadaşım götürebilir miyim?

비르　　아르카다쉼　　궤튀레빌리르　　미이임

103. 물론이죠. 왜 안되겠습니까.

Tabii Neden olmasın.

타비이　　네덴　　올마슨

104. 주소를 주시겠습니까?

Adresinizi verir misiniz?

아드레시니지　웨리르　　미시니즈

105. 저의 집은 아타튀르크가 22번지입니다.

Evim Atatürk Caddesinde yirmi iki
numara.

에빔　　아타튀르크　　　자데신데　　　이르미　이키
누마라

106. 오늘 저녁 정말 감사했습니다.

Bu akşam için çok teşekkürler.

부　　악샴　　이친　촉　　테쉐퀼레르

107. 다시 뵙기를 바랍니다.

İnşallah tekrar görüşürüz.

인살라　　테크라르　　괴뤼쉬뤼즈

☞ İnşallah라는 표현은 터키에서 가장 흔하게 들을 수 있는

표현중의 하나로 '신의 뜻이라면' 이라는 뜻의 희망을 기원하
는 표현입니다.

108. E-mail 주소가 있으십니까?

E-mail adresiniz var mı?

이 메일 아드레시니즈 와르 므

109. 이것이 제 E-mail 주소입니다.

Bu, benim E-mail adresim.

부   베님   이메일   아드레심

110. E-mail로 계속 연락합시다.

E-mail aracılığıla devamlı temas kuralım.

이메일   아라즈르을라   데왐르   테마스   쿠랄름

111. 당신에게 편지 쓰겠습니다.

Size mektup yazacağım.

시제   메크툽   아자자음

3 방문할 때의 관용적 표현들

112. 누구십니까?

Kim o?

킴 오

☞ 누가 찾아왔을 경우 사용할 수 있습니다.

113. 실례합니다. 무라트씨 집에 계십니까?

Affedersiniz, Murat Bey evde mi?

아페데르시니즈, 무라트 베이 에브데 미

☞ 터키에서의 호칭은 두 가지 방법으로 부를 수 있습니다.

성 앞에 Bay바이(남성), Bayan바얀(여성)을 붙여

Bay Kim바이 킴, Bayan Kim바얀바이 킴이라고 부르거나

이름 뒤에 Bey베이(남성), Hanım하늠(여성)을 붙여

Murat Bey무라트 베이, Esin Hanım에신 하늠 이라고 부르면

됩니다.

일반적으로 후자편이 더 친근한 표현입니다.

114. 잠시 기다리세요.

Bir dakika bekleyin.

비르　　다키카　　베클레인

115. 네, 계십니다. 들어오세요.

Evet, var. Lütfen içeri buyurun.

에벳, 와르.　뤼트펜　이체리　부유룬

116. 아니요. 안 계십니다. 잠시 후에 오실 겁니다.

Hayır, yok. Biraz sonra gelir.

하이으르,　욕.　비라즈　손라　겔리르

117. 들어오세요. 문이 열려 있습니다.

Girin, kapı açık.

기린,　카프　아측

118. 늦어서 죄송합니다.

Geç kaldığım için özür dilerim.

게츠　칼드음　이친　외쥐르　딜레림

119. 무라트씨는 언제 집에 계십니까?

Murat Bey ne zaman evde olur?

무라트　베이　네　자만　에브데　올루르

120. 저녁에는 집에 계실겁니다.

Akşama evde olur.

악샤마　에브데　올루르

121. 메모를 남겨도 될까요?

Kendisine bir not bırakabilir miyim?

켄디시네   비르 노트   브라카빌리르   미이임

122. 어서 오세요.

Hoş geldiniz!

호쉬   겔디니즈

123. 반갑습니다.

Hoş bulduk!

호쉬   불둑

124. 다시 뵙게 되어 기쁩니다.

Sizi tekrar gördüğüme memnun oldum.

시지 테크라르   괴르뒤위메   멤눈   올둠

125. 들어와서 앉으세요.

Buyurun, oturun lütfen.

부유룬,   오투룬   뤼트펜

☞ Buyrun이라는 표현은 '들어오세요' 라는 뜻 이외에도 '말씀하세요', '드세요', '받으세요' 라는 다양한 뜻을 가진 말입니다.

126. 저쪽에 앉으세요.

Şöyle oturun, lütfen.

쇠일에   오투룬,   뤼트펜

127. 오래 머무를 수 없습니다.

Uzun süre kalamayacağım.

우준 쉬레 칼라마아야자음

128. 차 좀 드시겠습니까?

Çay ister misiniz?

차이 이스테르 미시니즈

129. 담배 피우시겠습니까?

Sigara içer misiniz?

시가라 이체르 미시니즈

130. 커피 한잔 마시면 좋겠습니다.

Bir fincan kahve içsem iyi olur.

비르 핀잔 카흐붸 이츠셈 이이 올루르

131. 설탕을 넣을까요, 넣지 말까요?

Şekerli kahve mi içersiniz, şekersiz mi?

쉐케를리 카흐붸 미 이체르시니즈, 쉐케르시즈 미

132. 설탕과 우유를 넣어 주세요.

Şekerli ve sütlü içiyorum.

쉐케를리 웨 쉬틀뤼 이치요룸

133. 설탕은 넣지 마세요.

Şekersiz olsun!

쉐케르시즈 올순

134. 터키식 커피를 마실 행운이 있을까요?

Türk kahvesi içme şansım var mı?

튀르크　카흐붸시　이츠메　산슴　와르 므

135. 어떻게 드시겠습니까?

Nasıl olsun?

나슬　올순

136. 연하게 해주세요.

Açık olsun!

아측　올순

137. 커피점을 보실 수 있습니까?

Kahve falına bakabilir misiniz?

카흐붸　팔르나　바카빌리르　미시니즈

138. 커피를 마신 후에 커피점을 봐 주셨으면 좋겠습니다.

Kahve içtikten sonra size kahve falına baktırmak istiyorum.

카흐붸　이츠틱텐　손라　시제　카흐붸　팔르나
박트르막　이스티요룸

☞ 터키식 커피는 서양의 에스프레소 커피처럼 물과 함께 마시는데 다 마시고 난 후 잔에 남은 찌꺼기로 점을 봅니다.

139. 김선생님께서 안부 전하셨습니다.

Size Bay Kim′in selamı var.

시제 바이 키민 셀라므 와르

140. 저녁 식사하고 가시죠.

Lütfen, akşam yemeğine kalırsınız.

뤼트펜, 악샴 예메이네 칼르르스느즈

141. 고맙습니다. 불편하게 하고 싶지 않습니다.

Teşekkür ederim.

Sizi rahatsız etmeyeyim.

테쉐퀴르 에데림

시지 라핫스즈 에트메예임

142. 이제 가야 할 것 같습니다.

Şimdi gitmem gerekiyor.

쉼데 기트멤 게레키요르

143. 방문해 주셔서 감사합니다.

Ziyaretiniz için teşekkürler.

지야레티니즈 이친 테쉐퀼레르

144. 와 주셔서 정말 기쁩니다.

Geldiğinize çok memnun oldum.

겔디이니제 촉 멤눈 올둠

145. 또 오세요.

Yine bekleriz.

이네　베클레리즈

146. 안녕히 계세요.

Hoşça kalın!

호쉬차　칼른

147. 김 선생님께 안부 전해주세요.

Bay Kim′e benden selam söyleyin.

바이　키메　벤덴　셀람　쇼일레인

148. 공항까지 모셔다 드리겠습니다.

Sizi havaalanına kadar götüreyim.

시지　하와알라느나　카다르　괴튀레임

149. 여권좀 주시겠습니까?

Pasaportunuz, lütfen!

파사포르투누즈, 뤼트펜

150. 여권 검사를 하겠습니다.

Pasaportunuzu kontrol edeceğim.

파사포르투누주 콘트롤 에데제임

151. 여기 여권이 있습니다.

Buyurun pasaportum.

부유룬 파사포르툼

152. 제 아이들은 제 여권에 등록되어 있습니다.

Çocuklarım benim pasaportuma kayıtlı.

초죽라름 벤님 파사포르투마 카이으틀르

153. 터키에 방문 목적은 무엇입니까?

Türkiye′ye niçin geldiniz?

튀르키예예 니친 겔디니즈

154. 통과 여행객입니다.

Transit yolcuyum.

트란싯   욜주윰

155. 여기에서 휴가를 보내기 위해 왔습니다.

Tatilimi burada geçirmek için.

타틸리미   부라다   게치르멕   이친

156. 사업상 왔습니다.

Burada iş için bulunuyorum.

부라다   이쉬 이친   불룬누요룸

157. 비자가 있습니까?

Vizeniz var mı?

뷔제니즈   와르   므

158. 예, 있습니다.

Evet, var.

에벳,   와르

159. 아니요. 없습니다.

Hayır, vizem yok.

하이으르,   뷔젬   욕

160. 여기에서 비자를 받을 수 있습니까?

Vizemi buradan alabilir miyim?

뷔제미   부라단   알라빌리르   미이임

161. 대사관에 전화를 할 수 있습니까?

Büyük Elçiliğimize telefon edebilir miyim?

뷔윽　　　엘치리이미제　　　텔레폰 에데빌리르
미이임

162. 며칠 머무실 예정입니까?

Kaç gün kalacaksınız?

카츠　귄　칼라작스느즈

163. 일주일 동안 있을겁니다.

Burada bir hafta kalacağım.

부라다　비르 하프타　칼라자음

164. 아직 모르겠습니다.

Henüz bilmiyorum.

헤뉘즈　빌미요룸

165. 어디에서 머무시겠습니까?

Nerede kalacaksınız?

네레데　칼라작스느즈

166. 호텔에서 머물것입니다.

Otelde kalacağım.

오텔데　칼라자음

167. 이 양식에 기입을 해주시겠습니까?

Bu formu doldurur musunuz?

부　　포르무　　돌두루르　　무수누즈

공항

168. 세관에 신고할 물건이 있습니까?

Gümlüğe tabi eşyanız var mı?

큄뤼에　　타비　　에쉬야느즈 와르　므

169. 신고할 물건이 있습니까?

Deklare edecek birşeyiniz var mı?

데클라레　　에데젝　　비르세이니즈　와르　므

170. 아니요. 신고할 물건이 없습니다.

Hayır. Gümlüğe tabi eşyam yok.

하이으르.　　큄뤼에　　타비　　에쉬얌　　욕

171. 이 물건에 관세가 있습니까?

Bunun gümrüğü var mı?

부눈　　큄뤼위　　와르　므

172. 제가 세금을 얼마나 내야 합니까?

Ne kadar vergi ödemem gerek?

네　카다르　붸르기　　외데멤　　게렉

173. 저는 위스키 한병을 가지고 있습니다.

Bir şişe viskim var.

비르 쉬셰　　뷔스킴　　와르

174. 가방을 좀 열어보시겠습니까?

Bavulunuz açın lütfen!

바울루누즈   아츤   뤼트펜

175. 단지 선물용품들입니다.

Burada sadece hediyelik eşya var.

부라다   사데제   헤디에릭   에쉬야 와르

176. 이것은 개인적인 것입니다.

Bu şahsim için.

부   샤흐심   이친

177. 새것이 아닙니다.

Yeni değil.

예니   데일

178. 가방을 닫아도 됩니까?

Valizimi kapatabilir miyim?

왈리지미   카파타빌리르   미이임

179. 이제 가도 됩니까?

Artık gidebilir miyim?

아르특   기데빌리르   미이임

180. 미안합니다. 무슨 말인지 모르겠습니다.

Özür dilerim, anlamıyorum.

외쥐르   딜레림,   안나므요룸

181. 여기 영어 할 줄 아는 사람 있습니까?

Burada İngilizce bilen biri var mı?

부라다   잉길리즈제   빌렌   비리 와르 므

182. 가방을 운반할 카트가 있습니까?

Valiz taşımak için araba var mı?

왈리즈   타쉬막   이친   아라바 와르 므

183. 시내까지 가는 서비스 버스가 있습니까?

Şehir merkezine otobüs servisi var mı?

쉐히르   메르케지네   오토뷔스   세르뷔시 와르 므

184. 어디에서 환전을 할 수 있습니까?

Nerede para bozdurabilirim?

네레데   파라   보즈두라빌리림

185. 여기에서 가장 가까운 환전소가 어디입니까?

En yakın kambiyo bürosu nerede?

엔   야큰   캄비요   뷔로수   네레데

186. 여기에 환전소가 있습니다.

Burada bir kambiyo var.

부라다   비르   캄비요   와르

187. 여기에서 여행자 수표를 바꿀 수 있습니까?

Seyahat çeklerimi burada bozdurabilir
miyim?

세야하트   체크레리미   부라다 보즈두라빌리르 미이임

☞ 터키에서는 여행자 수표를 바꿀 때 10%의 수수료를 받기 때문에 달러나 마르크화 같은 현금을 사용하는 것이 더 경제적입니다.

188. 무엇을 바꾸시겠습니까?

Ne bozduracaksınız?

네　　보즈두라작스느즈

189. 달러를 바꾸고 싶은데요.

Dolar bozdurmak istiyorum.

돌라르　　보즈두르막　　이스티요룸

190. 몇 달러나 환전하시겠습니까?

Kaç dolar bozdurmak istiyorsunsuz?

카츠 돌라르　　보즈두르막　　이스티요르수누즈

191. 100달러를 환전하겠습니다.

Yüz dolar.

위즈　돌라르

192. 오늘 환율이 얼마입니까?

Bugünkü kur ne?

부귄퀴　　쿠르 네

193. 1달러는 얼마입니까?

Bir dolar ne kadar oluyor?

비르 돌라르 네 카다르　 올루요르

194. 1달러는 20만 터키 리라입니다.

Bir dolar iki yüz bin Türk lirasıdır.

비르 돌라르 이키 유즈　빈　튀르크 리라스드르

195. 여권을 볼 수 있을까요?

Pasaportunuzu görebilir miyim?

파사포르투누주　　괴레빌리르　미이임

196. 여기에 서명해 주시겠습니까?

Lütfen burayı imzalayabilir misiniz?

뤼트펜　부라이으　임자라야빌리르　　미시니즈

197. 가까운 곳에 은행이 있습니까?

Yakında bir banka bulabilir miyim?

야큰다　비르　반카　불라빌리르　미이임

198. 마르크를 환전하고 싶습니다.

Mark bozdurmak istiyorum.

마르크　　보즈두르막　　이스티요룸

199. 이것을 터키 리라로 바꾸고 싶습니다.

Bunu Türk lirasına çevirmek istiyorum.

부누　튀르크　리라스나　체뷔르멕　　이스티요룸

200. 외환 관리부로 가보세요.

Kambiyo bölümüne gidin.

캄비요　　뵐뤼뮈네　기딘

201. 통장을 하나 개설하고 싶습니다.

Bir hesap açmak istiyorum.

비르　헤삽　아츠막　이스티요룸

202. 어떤 통장을 개설하시겠습니까?

Nasıl bir hesap açmak istiyorsunuz?

나슬 비르 헤샵 아츠막 이스티요르수누즈

203. 정기예금 통장과 보통예금 통장에는 어떤 차이가 있습니까?

Vadeli hesapla vadesiz hesap arasında ne fark var?

와델리 헤샵라 와데시즈 헤샵 아라슨다
네 파르크 와르

환전 · 은행

204. 정기예금에 이자가 더 많습니다.

Vadeli hesapta daha çok faiz var.

와델리 헤샵타 다하 촉 파이즈 와르

205. 이자는 몇 %입니까?

Yüzde kaç faiz ödüyorsunuz?

위즈데 카츠 파이즈 외뛰요르수누즈

206. 5% 입니다.

Yüzde beş.

위즈데 베쉬

207. 그렇다면 정기예금으로 하죠.

Öyleyse vadeli hesap olsun.

외일레이세 와델레 헤샵 올순

208. 좋습니다, 손님. 지금 준비하죠.

Peki, efendim. Şimdi hazırlarım.

페키, 에펜딤. 쉼디 하즈르라름

209. 100달러를 찾고 싶습니다.

Yüz dolar çekmek istiyorum.

위즈 돌라르 체크멕 이스티요룸

210. 통장을 주시겠습니까?

Banka defterini verir misiniz?

반카 데프테리니 웨리르 미시니즈

211. 여기에 서명해 주시겠습니까?

Burayı imzalar mısınız?

부라이으 임자라르 므스느즈

212. 돈을 출납구에서 받으세요.

Parayı vezneden alınız.

파라이으 붸즈네덴 알르느즈

213. 이 통장은 기간이 정해져 있습니까?

Bu hesap vadeli mi?

부 헤삽 와델리 미

214. 아닙니다. 기간이 없습니다.

Hayır, vadesiz.

하이으르, 와데시즈

215. 보통예금에도 이자가 있습니까?

Vadesiz hesapta da faiz var mı?

와데시즈 헤샵타 다 파이즈 와르 므

216. 신분증 있으십니까?

Kimliğiniz var mı?

킴리이니즈 와르 므

환전 · 은행

217. 어디에 서명해야 합니까?

Nereyi imzalamam lazım?

네레이 임자라맘 라즘

218. 서울에서 송금한 돈을 기다리고 있는데 왔습니까?

Seul′den para bekliyorum. Geldi mi?

세울덴 파라 베클리요룸. 겔디 미

219. 아니요. 아직 안 왔습니다.

Hayır, henüz gelmedi.

하이으르, 헤뉘즈 겔메디

220. 이 돈을 한국으로 송금하고 싶습니다.

Bu parayı Kore′ye havale etmek istiyorum.

부 파라이으 코레예 하왈레 에트멕

이스티요룸

221. 수수료는 얼마입니까?

Ne kadar komisyon alıyorsunuz?

네　카다르　코미시온　알르요르수누즈

222. 수수료는 10%입니다.

Yüzde on alıyoruz.

위즈데　온　알르요루즈

223. 통장을 정리하고 싶습니다.

Heasbımı kapatmak istiyorum.

헤사브므　카파트막　이스티요룸

☞ 거래를 끝낼 때 사용할 수 있습니다.

224. 근처에 현금자동인출기가 있습니까?

Buralarda bankamatik var mı?

부라라르다　반카마틱　와르 므

225. 제 카드가 유효합니까 ?

Kartım geçerli mi?

카르틈　게체를리　미

226. 이 카드는 사용할 수 없습니다.

Bu kart geçersiz.

부　카르트　게체르시즈

❖ 터키에서의 환전 상식

터키 시내를 거닐다 보면 DÖVİZ ve ALTIN(되뷔즈 웨 알튼)
이라는 간판아래 많은 사람이 줄지어 있는 풍경을 자주 볼 수
있습니다. Döviz란 외환을 뜻하는 말이며 Altın은 금을 말합
니다. 바로 환전소의 풍경인 것입니다. 터키는 높은 인플레이
션의 영향으로 돈이 생기자 마자 화폐 가치가 떨어지지 않는
외환으로 바꾸어서 저축을 하는 경우가 많습니다.

이러한 이유로 환전소가 시내에 여러 곳에 있어서 언제든지
편하게 환전을 할 수가 있습니다.

또한 환율 변동이 자주 있기 때문에 한번에 많은 돈을 바꾸는
것보다는 한번에 2-3일 사용 액만 바꾸는 것이 좋으며 대도시
와 중소 도시간 그리고 관광지와 비 관광지간에도 다소 환율
에 차이가 있습니다. 또한 호텔보다는 시중 환전소에서 바꾸
는 것이 손해를 덜 보는 하나의 방법입니다.

화폐 단위가 상상을 초월할 만큼 크다는 것은 알고 계시죠?
돈을 바꾸기 전에 미리 미리 큰 숫자를 말하는 연습을 하는
것도 백만 장자의 기분을 만끽하는데 조금은 도움이 되지 않
을까요!

6 시간에 관한 관용 표현들

227. 몇시입니까?

Saat kaç?

사아트 카츠

228. 시계를 가지고 계십니까?

(몇시입니까의 또 다른 표현으로 사용됩니다.)

Saatiniz var mı?

사아티니즈 와르 므

229. 9시입니다.

Saat dokuz.

사아트 도쿠즈

230. 9시 30분입니다.

Dokuz buçuk.

도쿠즈 부축

231. 9시 15분입니다.

Dokuzu çeyrek geçiyor.

도쿠주 체이렉 게치요르

232. 8시 20분전입니다.

Sekize yirmi var.

세키제　이르미　와르

233. 8시 20분입니다. (8시를 20분 지났다는 의미)

Sekizi yirmi geçiyor.

세키지　이르미　게치요르

234. 8시 20분입니다.

Saat sekiz yirmi.

사아트　세키즈　이르미

235. 제 시계는 5분 빠릅니다.

Saatim beş dakika ileri gidiyor.

사아팀　베쉬　다키카　일레리　기디요르

236. 제 시계는 5분 느립니다.

Saatim beş dakika geri kalıyor.

사아팀　베쉬　다키카　게리　칼르요르

237. 아침에 몇 시에 일어나십니까?

Sabahleyin saat kaçta kalkarsınız?

사바흘레인　사아트　카츠타　칼카르스느즈

238. 7시에 일어납니다.

Saat yedi′ de kalkarım.

사아트　예디데　칼카름

239. 버스가 언제 출발합니까?

Otobüs ne zaman hareket ediyor?

오토뷔스　네　자만　하레켓　에이요르

240. 12시에요.

Saat on iki′ de.

사아트　온　이키데

241. 몇 시에 돌아오셨습니까?

Saat kaçta döndünüz?

사아트　카츠타　된뒤뉘즈

242. 10시 10분전에요.

Saat ona on kala.

사아트　오나　온　칼라

243. 몇 시에 나가실 것입니까?

Saat kaçta çıkacaksınız?

사아트　카츠타　측카작스느즈

244. 30분 후에요.

Yarım saat sonra. (반 시간 후에)

야름　사아트　손라

Otuz dakika sonra.

오투즈　다키카　손라

saat: 시　　dakika: 분

사아트　　　　다키카

245. 내일 오후 3시에 방문하겠습니다.

Yarın öğleden sonra saat üçte ziyaret edeceğim.

야른 외일레덴 손라 사아트 위치테 지야렛
에데제임

246. 언제 끝내실 수 있습니까?

Ne zaman bitirebilirsiniz?

네 자만 비티레빌리르시니즈

247. 2시간 내에요.

İki saat içinde.

이키 사아트 이친데

248. 밤 11시에 전화 하겠습니다.

Gece saat on bir′ de ararım.

게제 사아트 온 비르데 아라름

249. 정확하게 11시에 만납시다.

Saat tam on bir′ de buluşalım.

사아트 탐 온 비르데 불루샤름

250. 오늘이 무슨 요일입니까?

Bugün günlerden ne?

부귄 귄레르덴 네

251. 오늘은 월요일입니다.

Bugün Pazartesi.

부귄   파자르테시

252. 오늘은 몇 일 입니까?

Bugün ayın kaç?

부귄   아이은 카츠

253. 오늘은 7월 2일입니다.

Bugün Temmuz′un ikisi.

부귄   테무준   이키시

☞ 날짜를 나타낼 때는 일, 월의 순서로도 많이 쓰입니다.

예) Bugün iki Temmuz.

부귄 이키 테무즈

254. 내일은 몇 일입니까?

Yarın ayın kaç?

야른   아이은 카츠

255. 내일은 7월 3일입니다.

Yarın Temmuz′un üçü.

야른   테무준   위취

256. 몇 살이십니까?

Kaç yaşındasınız?

카츠   야쉰다스느즈

257. 23세입니다.

Yirmi üç yaşındayım.

이르미 위츠 야슨다이음

258. 생년월일이 언제입니까?

Doğum tarihiniz ne?

도움 타리히니즈 네

259. 1975년 9월 1일입니다.

Bir Eylül bindokuzyüz yetimiş beş.

비르 에일륄 빈도쿠즈유즈 예티미쉬 베쉬

260. 이곳은 개점시간이 몇 시입니까?

Burası saat kaçta açılıyor?

부라스 사아트 카츠타 아츨르요르

261. 이곳은 아침 9시에 문을 엽니다.

Burası sabahleyin saat dokuz′ da açılıyor.

부라스 사바흐레인 사아트 도쿠츠다 아츨르요르

262. 이곳은 폐점시간이 몇시입니까?

Burası saat kaçta kapanıyor?

부라스 사아트 카츠타 카파느요르

263. 이곳은 저녁 6시에 문을 닫습니다.

Burası akşam saat altı′ da kapanıyor.

부라스 악샴 사아트 알트다 카파느요르

264. 하루에 얼마나 일하십니까?

Günde ne kadar çalışıyorsunuz?

권데　네　카다르　찰르스으르수주즈?

265. 오전 9시부터 오후 5시까지 입니다.

Sabah saat dokuz′dan öğleden sonra beş′e kadar.

사바흐　사아트　토쿠즈단　외일레덴　손라
베쉐　카다르

266. 언제 오셨습니까?

Ne zaman geldiniz ?

네　자만　겔디니즈

267. 어제 왔습니다.

Dün geldim.

뒨　겔딤

268. 일주일 전에 왔습니다.

Bir hafta önce geldim.

비르 하프타　왼제　겔딤

269. 잠시 후에 갈 거예요.

Biraz sonra gideceğim.

비라즈　손라　기데제임

7 호텔에서의 관용 표현

270. 좋은 호텔 하나 추천해 주시겠습니까?

Bana iyi bir otel tavsiye edebilir misiniz?

바나 이이 비르 오텔 타브시예 에데빌리르 미시니즈

271. 싼 호텔을 찾고 있습니다.

Ucuz bir otel arıyorum.

우주즈 비르 오텔 아르요룸

272. 근처에 좋은 여관이 있습니까?

Buralarda iyi bir pansiyon bulabilir miyim?

부라라르다 이이 비르 판시온 불라빌리르 미이임

☞ 터키 관광지들에는 판시온이라 하는 값도 싸고 깨끗한 숙소가 많이 있는데 이 곳에서는 공동 부엌이 있어 직접 요리도 해먹을 수가 있습니다. 배낭 여행을 하는 사람들에게는 좋은 숙소가 될 것입니다. 가격은 어느 정도 흥정할 수도 있습니다.

273. 예약을 했는데요.

Rezervasyonum var.

레제르바시온움　와르

274. 어제 전화 했었는데요.

Dün telefon etmiştim.

뒨　텔레폰　에트미쉬팀

275. 1인실과 2인실 방 2개를 예약했는데요.

Biri tek, diğeri iki kişilik olmak üzere iki oda rezerve ettirdik.

비리 텍,　디에리　이키　키쉬릭　올막　위제레 이키
오다　레제르베　에티르딕

276. 빈방 있으십니까?

Boş bir odanız var mı?

보쉬 비르 오다느즈 와르　므

277. 예, 어떤 방을 원하세요.

Evet, var. Nasıl bir oda istiyorsunuz?

에벳,　와르.　나슬　비르　오다　이스티요르수누즈

278. 1인용 방이요.

Tek kişilik bir oda.

텍　키쉬릭　비르　오다

279. 1인실은 없고 2인실은 있습니다.

Tek kişilik odamız yok, ama çift kişilik odamız var.

텍 키쉬릭 오다므즈 욕 아마 치프트 키쉬릭 오다므즈 와르

280. 2인실에 보조 침대가 있습니까?

İki kişilik odanızda ilave yatak var mı?

이키 키쉬릭 오다느즈다 일라붸 야탁 와르 므

281. 저희 방에 어린이용 침대 하나를 추가해 주실 수 있습니까?

Odamıza çocuk yatağı ilave edebilir misiniz ?

오다므자 초죽 야타으 일라붸 에데빌리르 미시니즈

282. 저희에게 인접해 있는 방 2개를 주실 수 있습니까?

Bize bitişik iki oda verebilir misiniz?

비제 비티쉭 이키 오다 웨레빌리르 미시니즈

283. 조용한 방을 원합니다.

Sakin bir oda istiyorum.

사킨 비르 오다 이스티요룸

284. 욕조가 있는 방을 원합니다.

Banyolu bir oda istiyorum.

반욜루　　비르 오다　　이스티요룸

285. 샤워실이 있는 방을 원합니다.

Duşlu bir oda istiyorum.

두쉴루　　비르 오다　　이스티요룸

286. 발코니가 있는 방을 원합니다.

Balkonlu bir oda istiyorum.

발콘루　　비르 오다　　이스티요룸

287. 바다가 보이는 방을 원합니다.

Deniz manzaralı bir oda istiyorum.

데니즈　　만자랄르　비르 오다　　이스티요룸

288. 하루 밤에 얼마입니까?

Odanın geceliği ne kadar?

오다는　　게제리이　　네 카다르

289. 하루 밤에 50달러입니다.

Bir gecelik elli dolar.

비르　　게젤릭 엘리 돌라르

290. 아침 식사가 포함된 가격입니까?

Bu fiyata kahvaltı dahil mi?

부 피야타　　카흐발트　다힐 미

291. 예, 그렇습니다.

Evet, dahil.

에벳,　다힐

292. 어린이를 위한 할인이 있습니까?

Çocuklar için bir indirim var mı?

초죽라르　이친 비르　인디림　와르 므

293. 아기들도 요금을 받으십니까 ?

Bebekler için ücret alıyor musunuz?

베벡레르　이친　위즈렛 알르요르　무수누즈

294. 조식과 석식이 포함된 가격은 얼마입니까?

Tam pansiyon için ücret ne kadar?

탐　판시욘　이친 위즈렛 네 카다르

295. 조식이 제공되는 가격은 얼마입니까?

Yarım pansiyon için ücret ne kadar?

야름　판시욘　이친 위즈렛 네 카다르

296. 선금을 얼마나 내야 합니까?

Ne kadar kapora vermemiz gerekiyor.

네 카다르　카포라　웨르메미즈　게렉키요르

297. 선금을 내실 필요 없습니다.

Kapora vermenize gerek yok.

카포라　웨르메니제　게렉　욕

298. 너무 비싸군요.

Çok pahalı.

촉　　파할르

299. 더 싼 방 없습니까?

Daha ucuz bir odanız yok mu?

다하　우주즈 비르　오다느즈　욕　무

300. 방을 좀 볼 수 있습니까?

Odayı görebilir miyim?

오다이으 괴레빌리르　미이임

301. 물론이죠. 저를 따라 오세요.

Elbette. Lütfen beni takip edin.

엘베테.　뤼트펜　베니　타킵　에딘

302. 너무 시끄럽군요.

Çok gürültülü.

촉　　귀륄튈뤼

303. 경치가 더 좋은 방 있습니까?

Daha hoş manzaralı bir odanız var mı?

다하　호쉬　만자랄르　비르　오다느즈　와르　므

304. 방에 텔레비전이 있습니까?

Odada televizyon var mı?

오다다　　텔레비지욘　와르　므

305. 좋은 방이군요. 여기에 묵겠습니다.

Güzel bir oda. Burada kalacağim.

귀젤 비르 오다.   부라다   칼라자음

306. 좋군요. 이 방을 잡죠.

Gayet iyi, bunu tutuyorum.

가옛 이이,   부누   투투요룸

307. 마음에 들지 않는군요.

Hoşuma gitmiyor.

호쉬마   기트미요르

308. 얼마나 머무시겠습니까?

Ne kadar kalacaksınız?

네 카다르   칼라작스느즈

309. 3일 동안 머물겠습니다.

Üç gün kalacağim.

위츠 귄   칼라자음

310. 하루 묵겠습니다.

Bir gün kalacağim.

비르 귄   칼라자음

311. 아직 며칠 있을지 모르겠습니다.

Henüz ne kadar kalacağımı bilmiyorum.

헤뉘즈 네 카다르   칼라자으므   빌미요룸

312. 며칠 머물 것입니다.

Birkaç gün kalacağım.

비르카츠 귄   칼라자음

313. 이 양식에 기록을 해 주시겠습니까?

Kayıt formunu doldurur musunuz?

카이트   포르무누   돌두루르   무수누즈

314. 여권이나 신분증을 좀 볼 수 있을까요?

Pasaportunuzu görebilir miyim?

파사포르투느주   괴레빌리르   미이임

315. 제 방 번호가 몇 번입니까?

Oda numaram kaç?

오다   누마람   카츠

316. 몇 층입니까?

Kaçıncı katta?

카츤즈   카타

317. 3층입니다.

İkinci katta.

이킨지   카타

☞ 터키에서는 0층부터 시작됩니다. 즉, 우리의 2층이 1층에
해당합니다.

　　예)1층– zemin katı(0층, ground floor)

　　　　제민   카트

2층– birinci kat (한국에서의 1층)

비린지 카트

3층– ikinci kat(한국에서의 2층)....

이킨지 카트

※ 부록에 있는 숫자 편을 참고하세요.

318. 여기 열쇠를 받으세요.

Buyurun anahtarı alın.

부유룬　　아나흐타르　알른

319. 열쇠가 맞지 않습니다.

Anahtar uymuyor.

아나흐타르　우이무요르

320. 가방을 좀 올려 보내주시겠습니까?

Çantalarımı yukarı gönderir misiniz?

찬타라르므　　유카르　괸데리르　미시니즈

321. 귀중품을 보관시킬 수 있습니까?

Kıymetli eşyalarımı kasanıza bırakabilir
miyim?

크이으메틀리　　에쉬야라르므　　카사느자　　브라카빌리르
미이임

322. 아침 식사를 방에서　할 수 있습니까?

Kahvaltı odamızda alabilir miyiz?

카흐발트　　오다므즈다　알라빌리르　미이즈

323. 목욕 타월을 하나 원하는데요.

Bir banyo havlusunu istiyorum.

비르　반요　　하을루수누　이스티요룸

324. 담요 하나 더 주시겠습니까?

Bir battaniye daha verir misiniz?

비르　바타니예　다하　웨리르　미시니즈

325. 여기는 전압이 어떻게 됩니까?

Burada voltaj ne?

부라다　볼타즈　네

326. 여기는 220볼트입니다.

Burada voltaj iki yüz yirmi.

부라다　볼타즈　이키　위즈　이르미

327. 면도기 플러그가 어디에 있습니까?

Traş makinası için priz nerede?

트라쉬　마키나스　이친　프리즈　네레데

328. 내일 아침 8시에 깨워 주세요.

Lütfen beni yarın sabah saat yedi′ de
uyandırın.

뤼트펜　베니　야른　사바흐　사아트　예디데
우얀드른

329. 저에게 온 메시지가 있습니까?

Bana mesaj var mı?

바나　메사즈　와르　므

330. 당신에게 메모를 남기고 싶습니다.

Size bir not bırakmak istiyorum.

시제　비르 노트　브라크막　이스티요룸

331. 따뜻한 물이 나오지 않습니다.

Sıcak su gelmiyor.

스작　수　겔미요르

332. 에어콘이 작동하지 않습니다.

Klima çalışmıyor.

클리마　찰르쉬므요르

333. 열쇠를 방에 두고 나왔습니다.

Anahtarımı odamda bıraktım.

아나흐타르므　오담다　브락틈

334. 카메라를 잃어버렸습니다.

Fotoğraf makinasını kaybettim.

포토그라프　마키나스느　카이베팀

335. 323 번을 연결해 주세요.

Üçyüz yirmi üç numarayı bağlar mısınız?

위치위즈 이르미 위치　누마라이으　바을라르　므스느즈

336. 저에게 전화한 사람이 있었습니까?

Bana telefon eden oldu mu?

바나　텔레폰　에덴　올두　무

337. 방을 청소해도 되겠습니까?

Odanızı temizleyebilir miyim?

오다느즈　테미즈레에빌리르　미이임

338. 방이 너무 춥습니다.

Oda çok soğuk.

오다　촉　소욱

339. 이불 한 장 더 주시겠습니까?

Bir yorgan daha verir misiniz?

비르　요르간　다하　웨리르　미시니즈

340. 부엌을 사용할 수 있습니까?

Mutfak kullanabilir miyiz?

무트팍　쿨라나빌리르　미이즈

341. 창문이 닫히지 않습니다.

Pencere kapanmıyor.

펜제레　카판므요르

342. 세면대가 막혔습니다.

Lavabo tıkandı.

라봐보　트칸드

343. 여기에서 세탁을 해도 됩니까?

Burada çamaşır yıkayabilir miyim?

부라다　차마쉬르　이으카야빌리르　미이임

344. 한 두시간 밖에 나갈 것입니다.(외출하겠습니다.)

Bir iki saat için dışarı çıkacağız.

비르 이키　사아트　이친　드샤르　츠카자으즈

345. 저를 찾는 사람이 있으면 말씀해 주세요.

Beni arayan varsa söyleyin.

베니　　아라얀　　와르사　　쇠일레인

346. 미안하지만 계산서를 원합니다.

Hesap istiyorum, lütfen.

헤삽　　이스티요룸,　뤼트펜

347. 내일 아침 일찍 떠날 겁니다.

Yarın sabah erkenden hareket ediyorum.

야른　　사바흐　　에르켄덴　　하레켓　　에디요룸

348. 모든 것이 포함된 것입니까?

Her şey dahil mi?

헤르 쉐이　다힐　미

349. 계산이 잘못 됐습니다.

Hesapta bir hata yaptınız.

헤삽타　　비르　하타　　얍트느즈

350. 호텔에서 공항까지 버스로 얼마나 걸립니까?

Otelden havaalanına otobüsle ne kadar sürer?

오텔덴　　　하봐알라느나　　　오토뷔슬레　　네　카다르
쉬레르

351. 택시 한 대 불러 주시겠습니까?

Bize bir taksi çağırır mısınız?

비제 비르 탁시　차으르르　므스느즈

352. 모든 점에서 감사드립니다.

Her şey için teşekkür ederim.

헤르 쉐이 이친　테쉐퀼　에데림

식당에 관한 관용 표현

353. 근처에 좋은 식당 하나 있습니까?

Yakında iyi bir lokanta var mı?

야큰다　이이 비르　로칸타　와르 므

354. 전형적인 터키 식당을 찾고 있습니다.

Tipik bir Türk lokantasını arıyorum.

티픽 비르 튀르크　로칸다스느　아르요룸

355. 저에게 싼 식당하나 추천해 주시겠습니까?

Bana ucuz bir lokanta tavsiye eder misiniz?

바나　우주즈 비르　로칸타　타브시예 에데르

미시니즈

356. 이곳에 케밥을 파는 식당이 있습니까?

Burada bir kebapçı var mı?

부라다　비르　케밥츠　와르 므

357. 전화로 예약을 했었습니다.

Telefonla rezerve ettirmiştim.

텔레폰라　레제르붸　에티르미쉬팀

358. 여러분들을 위한 예약은 안되어 있는 것 같습니다.

Sizin için rezervasyon yapılmamış.

시진 이친 레제르바시온 야플마므쉬

359. 무엇을 원하십니까?

Ne arzu edersiniz?

네 아르주 에데르시니즈

360. 실례합니다, 주문하셨습니까?

Affedersiniz, sipariş ettiniz mi?

아페데르시니즈, 시파리쉬 에티니즈 미

361. 음식을 주방에서 고를 수 있습니까?

Yemeğimizi mutfaktan seçebilir miyiz?

예메이미지 무트팍탄 세체빌리르 미이즈

362. 4인용 테이블을 원합니다.

Dört kişilik bir masa istiyorum.

되르트 키쉴릭 비르 마사 이스티요룸

363. 창가에 있는 테이블을 원합니다.

Pencere kenarında bir masa istiyorum.

펜제레 케나른다 비르 마사 이스티요룸

364. 금연석으로 주세요.

Sigara içilmeyen bölüm, lütfen.

시가라 이칠메옌 뵐륌, 뤼트펜

365. 이쪽으로 오세요.

Bu taraftan gelin, lütfen.

부　타라프탄　겔린,　뤼트펜

366. 식단표를 볼 수 있습니까?

Menüyü görebilir miyim?

메뉘위　괴레빌리르　미이임

367. 식단표를 가져오세요.

Yemek listesi getirin.

예멕　리스테시　게티린

368. 식단표(메뉴) 여기 있습니다.

Buyurun, yemek listesi.

부류룬,　예멕　리스테시

369. 이것은 무엇입니까?

Bu ne?

부　네

370. 어떤 음식을 추천하시겠습니까?

Ne tavsiye edersiniz?

네　타브시예　에데르시니즈

371. 어떤 종류의 음식을 좋아하십니까?

Ne tür yemekleri seviyorsunuz?

네　튀르　예멕레리　세뷔요르수누즈

372. 배가 고프십니까?

Aç mısınız?

아츠　므스느즈

373. 배가 아주 고픕니다.

Çok acıktım.

촉　　아즉틈

374. 그렇게 많이 고프지는 않습니다.

O kadar çok aç değilim.

오　카다르　촉　아츠　데일림

375. 양고기를 드십니까?

Kuzu etini yiyor musunuz?

쿠주　에티니 이이요르　무수누즈

376. 지금까지 먹어볼 기회가 없었습니다.

Şimdiye kadar deneme şansım yoktu.

쉼디예　카다르　데네메　산슴　욕투

377. 한국 음식을 드셔보신 적이 있습니까?

Kore yemeklerini hiç denediniz mi?

코에　　예멕레리니　히치　데네디니즈　미

378. 한국에서는 수저와 젓가락을 사용합니다.

Kore′de kaşık ve çubuk kullanıyoruz.

코레데　카시윽　웨　추북　쿨란느요루즈

379. 우리 한국인들은 밥을 선호합니다.

Biz Koreliler pilav tercih ediyoruz.

비즈   코렐리레르   필라브 테르지흐   에디요루즈

380. 당신에게 되네르나 이스켄데르 케밥을 권하겠습
니다.

Size döner veya iskender kebabı tavsiye
ederim.

시제   되네르   웨야   이스켄데르   케바브   타브시예
에데림

381. 이 지방 특유의 음식이 있습니까?

Bu bölgeye has yemekleriniz var mı?

부   뵐게예   하스   예멕레리니즈   와르 므

382. 여보세요.

Bakar mısınız?

바카르   므스느즈

383. 웨이터.

Garson, lütfen!

가르손,   뤼트펜

☞ 382. - 383.번은 종업원을 부를 때 사용할 수 있는 말입니
다. 웨이터를 부를 때 가르손이라는 표현을 사용하기 보다는
아르카다스 (Arkadaş: 친구)로 호칭하는 것이 일반적이다.

384. 목이 마르군요. 물 한 컵 가져다 주시겠습니까?

Çok susadım. Bir bardak su getirir misiniz?

촉 수사듬. 비르 바르닥 수 게티리르
미시니즈

385. 많이 먹지 못합니다.

Fazla yiyemem.

파즐라 이예멤

386. 저에게 너무 많습니다.

Bana fazla geliyor.

바나 파즐라 겔리요르

387. 이 정도면 충분합니다.

Bu kadar ise yeter!

부 카다르 이세 예테르

388. 기름기가 많은 음식을 좋아하지 않습니다.

Yağlı yemekleri sevmiyorum.

야을르 예멕레리 세브미요룸

389. 저에게 밥을 주시겠습니까?

Bana pilav verir misiniz?

바나 필라브 웨리르 미시니즈

390. 소금과 후추를 주시겠습니까?

Bana tuz ve karabiber verir misiniz?

바나 투즈 웨 카라비베르 웨리르 미시니즈

391. 컵을 좀 가져다 주시겠습니까?

Bir bardak getirir misiniz?

비르 바르닥 게티리르 미시니즈

식당

392. 이것을 주문하지 않았습니다.

Ben bunu ısmarlamamıştım.

벤 부누 으스마르라마므쉬틈

393. 생선이 다 익지 않았군요.

Balık iyi pişmemiş.

발륵 이이 피쉬메미쉬

394. 음식이 너무 짭니다.

Yemek çok tuzlu.

예멕 촉 투즐루

395. 음식이 참 훌륭합니다.

Yemek çok güzel.

예멕 촉 귀젤

396. 아주 맛있습니다.

Çok lezzetli!

촉 레제틀리

397. 소스는 원하지 않습니다.

Sos istemem.

소스　이스테멤

398. 샐러드에는 어떤 것들이 있습니까?

Salatalardan neler var?

살라타라르단　네레르　와르

식
당

399. 이것은 신선하지 않군요.

Bu taze değil.

부　타제　데일

400. 이것은 깨끗하지 않군요.

Bu temiz değil.

부　테미즈　데일

401. 음료수는 무엇으로 하시겠습니까?

İçecek olarak ne arzu edersiniz?

이체젝　올라락　네　아르주　에데르시니즈

402. 술을 좋아하십니까?

İçki seviyor musunuz?

이츠키　세뷔요르　무수누즈

403. 특별한 주류가 있습니까?

Özel içkiniz var mi?

외젤　이치키니즈　와르　므

404. 라크를 마셔 보시겠습니까?

Rakı dener misiniz?

라크   데네르   미시니즈

☞ 라크는 터키 고유의 투명한 증류주입니다. 너무 독하기 때문에 물에 섞어 마시는데 투명한 라크에 물을 부으면 우유빛으로 변합니다.

식당

405. 예, 마셔보겠습니다.

Evet, denerim.

에벳,   데네림

406. 저는 과일 쥬스 주세요.

Bana meyve suyu lütfen!

바나   메이붸   수유   뤼트펜

407. 붉은 포도주로 주세요.

Kırmızı şarap lütfen.

크르므즈   샤랍   뤼트펜

408. 백 포도주 한 병 주세요.

Bir şişe beyaz şarap istiyorum.

비르 쉬쉐   베야즈   샤랍   이스티요룸

409. 찬 맥주로 주세요.

Soğuk bir bira istiyorum.

소욱   비르 비라   이스티요룸

410. 맥주로 주세요.

Bana bira getirin.

바나   비라   게티린

411. 이 포도주는 몇 년 된 것입니까?

Bu şarap kaç senelik?

부   샤랍   카츠   세네릭

412. 아이란으로 하겠습니다.

Bana ayran olsun!

바나   아이란   올순

☞ 아이란은 터키식 요구르트입니다.

413. 건배!

Şerefe!

쉐레페

414. 수프는 무엇으로 하시겠습니까?

Çorbalardan ne istiyorsunuz?

초르바라르단   네   이스티요르수누즈

415. 야채 수프 주세요.

Ben sebze çorbasını istiyorum.

벤   세브제   초르바스느   이스티요룸

416. 버섯 수프 주세요.

Mantarlı çorbası lütfen.

만타를르   초르바스   뤼트펜

417. 저는 수프를 원하지 않습니다.

Ben çorba istemiyorum.

벤   초르바   이스테미요룸

418. 어떤 종류의 해산물 요리가 있습니까?

Deniz mahsullerinden neler var?

데니즈   마흐술레린덴   네레르   와르

419. 생선 요리를 원하세요?

Balık yemeklerini ister misiniz?

발륵   예멕레리니   이스테르   미시니즈

420. 어떤 디저트가 있습니까?

Hangi tatlılar var?

한기   타틀르라르   와르

☞ 타틀르는 터키식 단 음식들의 총칭입니다.

421. 디저트로는 무엇이 있습니까?

Tatlı olarak neler var?

타틀르   올라락   네레르   와르

422. 가벼운 것으로 부탁합니다.

Hafif birşey, lütfen.

하피프 비르쉐이, 뤼트펜

423. 아쉬레로 주세요.

Aşure olsun!

아쉬레 올순

424. 배가 부르십니까?

Doydunuz mu?

도이두누즈 무

425. 아주 배가 부릅니다.

Çok doydum.

촉 도이둠

426. 다른 것 좀 원하십니까?

Başka bir şey istiyor musunuz ?

바쉬카 비르 쉐이 이스티요르 무수누즈

427. 다른 것은 필요 없습니다. 고맙습니다.

Başka birşey istemiyorum, teşekkürler.

바쉬카 비르쉐이 이스테미요룸, 테쉐퀼레르

428. 계산서 부탁드립니다.

Hesap lütfen!

헤삽 뤼트펜

429. 각자 계산하고 싶습니다.

Hesabı ayrı ayrı istiyoruz.

헤사브 아이르 아이르 이스티요루즈

430. 같이 계산하겠습니다.

Hesabı birlikte istiyoruz.

헤사브 비르릭테 이스티요루즈

431. 서비스 요금이 포함된 것입니까?

Servis dahil mi?

세르비스 다힐 미

☞ 식당에서 보통 식비의 10분의 1을 서비스 요금으로 웨이
터에게 준다.

432. 다 합해서 얼마입니까?

Toplam ne kadar tutuyor?

토플람 네 카다르 투투요르

433. 여행자 수표를 받으십니까?

Seyahat çeki kabul ediyor musunuz?

세야핫 체키 카불 에디요르 무수누즈

434. 잔돈은 가지세요.

Bozuklar sizde kalsın.

보죽라르 시즈데 칼슨

435. 팁은 얼마나 남겨야 합니까?

Bahşiş ne kadar bırakmam gerek?

바흐쉬쉬   네   카다르   브라크맘   게렉

436. 10%정도이면 충분합니다.

Yüzde on ise yeter!

위즈데   온   이세 예테르

◼ 세계 3대 요리중 하나인 터키 요리

일부 전문가들이 프랑스와 중국 요리처럼 터키 요리를 세계 3
대 요리중의 하나로 치기도 할만큼 터키 요리는 그 종류와 조
리법 등이 상당한 정도의 수준입니다. 식량을 자급 자족하는
몇 안 되는 나라 중 하나인 터키에서는 아주 신선한 음식을
저렴한 가격으로 맛 볼 수 있는 곳입니다.

그 중에서도 식당에서 가장 흔하게 볼 수 있으며 터키를 대표
할만한 음식으로는 수직으로 고기를 꽂아 회전시키며 익혀
잘라먹는 되네르케밥(Döner kebap)과 작은 꼬치에 고기를 끼
워 구워낸 쉬쉬 케밥(Şiş kebabı), 그리고 잘 다진 고기로 갖
은 양념을 하여 먹기 좋을 크기로 떼어 구어 낸 쾨프테(Köfte)
를 들 수 있습니다.

또한 흑해, 에게해 그리고 지중해에 둘러싸인 지리적 이점으
로 다양한 해산물 요리도 맛볼 수 있는 곳이 터키입니다.

터키에서 생산되는 가장 유명한 주류로는 라크(Rakı)가 있는
데 상당히 독하기 때문에 물과 섞어서 마시게 됩니다. 라크를
물과 섞게 되면 투명한 라크의 색이 우유 빛깔로 변합니다.

한가지 더 빼 놓을 수 없는 것은 진하기로 유명한 Turkish
coffee(Türk kahvesi) 인데, 독특한 커피 맛과 더불어 마신 후
잔에 남은 찌꺼기를 가지고 커피 점을 보는 것도 하나의 흥미
로운 경험이 될 것입니다.

◘ 치즈와 두부 이야기

치즈와 두부 전혀 어울리지 않는 한 쌍입니다.

그렇지만 터키에는 우리 나라 하얀 두부와 일란성 쌍둥이처
럼 똑같이 생긴 하얀 치즈가 있습니다. 이 치즈를 베야즈(흰

색) 페이니르(치즈) (Beyaz Peynir)라고 합니다. 이렇게 생긴 모습 때문에 한번씩 실수를 한 사람들이 많다고 합니다.

한국 음식이 그립기만 한 터키의 한국인들이 처음 베야즈 페이니르를 봤을 때의 그 반가움 상상이나 하실 수 있으십니까? 그 반대로 한국에 있는 터키인들, 하얀 두부를 보고 얼마나 기뻤을까요?

식당

실제로 한 터키 학생이 아무런 의심도 없이 두부를 사서 빵에 발라 먹으려 한 일도 있었다는 웃지 못할 에피소드도 전해지고 있습니다.

여러분도 터키에서 혹시나 하얀 두부같이 생긴 것을 봤을 때 절대 찌개를 떠올리시면 안됩니다.

그건 치즈입니다!

9 관광에 관한 관용적 표현

437. 여기에 영어를 하는 안내자가 있습니까?

İngilizce bilen bir rehber var mı?

잉릴리즈제 빌렌 비르 레흐베르 와르 므

438. 시내 관광을 위한 안내 책자를 추천해 주시겠습
니까?

Şehir turu için bir rehber kitabı tavsiye
edebilir misiniz?

쉐히르 투루 이친 비르 레흐베르 키다브 타브시예
에데빌리르 미시니즈

439. 관광 안내소가 있습니까?

Turizm bürosu var mı?

투리즘 뷔로수 와르 므

440. 관광 안내소가 어디 있습니까?

Turizm bürosu nerede?

투리즘 뷔로수 네레데

441. 이 책자에 모든 호텔의 명단이 있습니까?

Bu broşürde bütün otellerin listesi var mı?

부　　　부로쉬르데　　뷔튄　　　오텔레린 리스테시 와르
므

442. 이스탄불에서 시내 관광이 있습니까?

İstanbul′da şehir turları var mı?

이스탄불다　　쉐히르 투르라르 와르 므

443. 관광 프로그램이 있습니까?

Tur programı var mı?

투르　　프로그라므 와르 므

444. 관광 비용은 얼마입니까?

Turun ücreti ne kadar?

투룬　위즈레티　네　카다르

445. 모든 입장료가 포함된 가격입니까?

Bütün giriş ücretleri dahil mi?

뷔튄　기리쉬 위즈레트레리　다힐　미

446. 점심 식사가 포함됩니까?

Öğle yemeği dahil mi?

외일레　예메이　다힐　미

447. 관광 시간은 얼마나 걸립니까?

Tur ne kadar zaman alır?

투르　네　카다르　　자만　알르르

448. 이곳에서 가볼 만한 곳을 추천해 주시겠습니까?

Buralarda gezilecek yerleri tavsiye eder
misiniz?

부라라르다　　게질레젝　　예르레리　타브시예　에데르
미시니즈

449. 우리는 3일 동안 여기 있을 것입니다.

Üç günlüğüne buradayız.

위치　　귄뤼위네　　부라다이으즈

450. 시내 지도를 얻을 수 있습니까?

Şehir haritası rica edebilir miyim?

쉐히르　하리타스　리자　에데빌리르　미이임

451. 버스가 어디에서 출발합니까?

Otobüs nereden kalkar?

오토뷔스　　네레덴　　칼카르

452. 우리를 호텔에서 데려갈 것입니까?

Bizi otelden alacak mı?

비지　오텔덴　알라작　므

453. 어떤 버스에 탈까요?

Hangi otobüse bineceğiz?

한기　　　오토뷔세　　비네제이즈

454. 관광은 몇 시에 시작됩니까?

Tur saat　kaçta başlar?

투르　사아트　　카츠타　바쉴라르

455. 토프카프 박물관을 보고 싶습니다.

Topkapı Müzesini görmek istiyoruz.

토프카프　　　뮈제시니　　괴르멕　　이스티요루즈

456. 박물관은 매일 매일 개관합니까?

Müze her gün açık mı?

뮈제　헤르　귄　아측　므

457. 여기에서 사진 찍어도 됩니까?

Burada fotoğraf çekebilir miyiz?

부라다　　포토으라프　　체케빌리르　　미이즈

458. 여기는 사진 촬영이 금지되어 있습니다.

Burada fotoğraf çekmek yasak.

부라다　　포토으라프　　체크멕　　야삭

459. 입장료가 얼마입니까?

Giriş ücreti ne kadar?

기리쉬　위즈레티　네　카다르

460. 학생 할인이 있습니까?

Öğrenciler için indirim var mı?

외렌지레르　이친　인디림　와르　므

461. 티켓 있으십니까?

Biletiniz var mı?

빌레티니즈　와르　므

462. 나의 티켓 여기 있습니다.

İşte biletim.

이쉬테　빌레팀

463. 가방은 물품보관소에 맡겨 주십시오.

Lütfen çantanızı vestiyerde bırakın.

뤼트펜　찬다느즈　붸스티예르데　브라큰

464. 카타로그를 살 수 있습니까?

Bir katalog satın alabilir miyim?

비르　카탈로그　사튼　알라빌리르　미이임

465. 이 모스크의 이름이 무엇입니까?

Bu caminin adı ne?

부　자미닌　아드　네

466. 이 모스크는 언제 만들어졌습니까?

Bu cami ne zaman yapılmış?

부　자미　네　자만　야플므쉬

467. 모스크 안에 들어갈 수 있습니까?

Caminin içine girebilir miyiz?

자미닌　이치네　기레빌리르　미이즈

468. 여자들은 머리를 가려야 합니까?

Kadınların başlarını örtmesi gerek mi?

카든라른　바쉬라르느　외르트메시　게렉　미

469. 지금부터 2시간 동안 자유 시간입니다.

Şimdiden itibaren iki saat serbestsiniz.

쉼디덴　이티바렌　이키 사아트 세르베스트시니즈

470. 우리는 언제 어디에서 만납니까?

Ne zaman nerede buluşuyoruz?

네　자만　네레데　불루쉬요루즈

471. 모스크 안에 무엇이 있습니까?

Caminin içinde ne var?

자미닌　이친데　네　와르

472. 언제 기도식이 시작됩니까?

Namaz ne zaman kılınıyor?

나마즈　네　자만　클른느요르

473. 예배 시간동안 모스크에 들어갈 수 있습니까?

Namaz sırasında camiye girebilir miyiz?

나마즈　스라슨다　자미예　기레빌리르　미이즈

474. 박물관에서 얼마나 머물것입니까?

Müzede ne kadar kalacağız?

뮈제데　　네　카다르　칼라자으즈

475. 언제 돌아갑니까?

Ne zaman geri dönüyoruz?

네　　자만　게리　되뉘요루즈

476. 다른 장소도 돌아보나요?

Başka yerleri de gezecek miyiz?

바쉬카　예르레리　데　게제젝　미이즈

477. 근처에 카톨릭 교회가 있습니까?

Yakınlarda bir Katolik kilisesi var mı?

야크라르다　비르　카톨릭　킬리세시　와르　므

478. 도시 지역이 어디입니까?

Şehrin eski bölümü nerede?

쉐흐린　에스키　뵐뤼뮈　네레데

479. 걸어서 갈수 있습니까?

Yürüyerek gidebilir miyiz?

위뤼에렉　기데빌리르　미이즈

480. 걸어서 15분 정도 걸립니다.

Yürüyerek on beş dakika sürer.

위뤼예렉　온　베쉬　다키카　쉬레르

481. 성은 언제 만들어졌습니까?

Bu kale ne zaman yapılmış ?

부　칼레　네　자만　아플므쉬

482. 이것은 무슨 건물입니까?

Bu ne binası?

부　네　비나스

483. 골동품 시장이 어디입니까?

Antika çarışısı nerede?

안티카　차르쉬스　네레데

484. 벼룩 시장이 있습니까?

Bit pazarı var mı?

비트　파자르　와르　므

☑ 터키의 종교 축제

바이람(Bayram)이라는 말은 터키어로 경축일을 뜻하는데 종교 축제와 국경일로 구분할 수 있습니다.

종교 축제는 이슬람 국가들에서는 가장 의미가 있는 축제이며 국민의 97%이상이 이슬람교도인 터키에서도 마찬가지입니다.

① 라마잔 바이람(Ramazan Bayramı)

라마잔이란 이스람력의 9번째 달을 말하는데 일출에서 일
몰 때까지 한달 동안 금식을 하게 됩니다. 한달 간의 금식
이 끝난 후 3일 동안의 축제를 라마잔 바이람이라 부릅니
다. 이 축제기간에는 서로에게 단 음식을 나누어주기 때문
에 단 음식을 뜻하는 쉐케르 바이람(Şeker Bayramı)이라
고도 합니다.

② 쿠르반 바이람(Kurban Bayramı)

쿠르반 바이람은 라마잔 바이람 70일 후에 있는 4일간의
축제입니다.

쿠르반이라는 말은 제물을 뜻하는데 이때에는 이슬람 율
법에 따라 자신들의 죄를
대속할 것으로 믿는 양이
나 소를 도살한 뒤 친척
들이나 이웃들에게 또는
가난한 사람들에게 나누
어 줍니다.

10 쇼핑에 관한 관용 표현

485. 쇼핑센터가 어디 있습니까?

Alış veriş merkez nerede?

알르쉬 붸리쉬　메르케즈　네레데

486. 여기에서 얼마나 멉니까?

Buradan ne kadar uzakta?

부라단　네 카다르　우작타

487. 거기에 어떻게 갈 수 있습니까?

Oraya nasıl gidebiliriz?

오라야　나슬　기데빌리리즈

488. 어서 오세요. 무엇을 원하십니까?

Hoş geldin. Ne arzu edersiniz?

호쉬　겔딘　네 아르주　에데르시니즈

489. 어떤 종류의 것들을 원하십니까?

Ne çeşit birşeyler almak istiyorsunuz?

네　체싯　비르쉐이레르　알막　이스티요르수누즈

490. 저에게 도움을 좀 주실 수 있으십니까?

Bana yardım edebilir misiniz?

바나　　야르듬　　에데빌리르　미시니즈

491. 그냥 좀 돌아볼께요.

Şöyle bir bakıyorum.

쇼일레　비르　　바크요룸

492. 옷을 하나 사고 싶습니다.

Bir elbise almak istiyorum.

비르　엘비세　　알막　　이스티요룸

493. 어떤 옷을 원하십니까?

Nasıl bir elbise düşünüyorsunuz?

나슬　비르　엘비세　　뒤쉬뉘요르수누즈

494. 본인의 것을 원하십니까, 아니면 자녀분 것을 원
하십니까?

Kendiniz için mi, yoksa çocuğunuz için
mi?

켄디니즈　이친　미　욕사　　초주우누즈　이친
미

495. 제 아내를 위해 옷 하나를 사고 싶습니다.

Eşim için bir elbise alamk istiyorum.

에쉼　이친 비르　엘비세　　알막　　이스티요룸

496. 10살 짜리 어린이용 바지를 원합니다.

On yaşında çocuk için bir pantolon istiyorum.

온　　　야쉰다　　　　초죽　이친　비르　판톨론
이스티요룸

497. 사이즈가 어떻게 되십니까?

Kaç beden giyiyorsunuz?

카츠　　　베덴　　　기이요르수누즈

498. 38 사이즈를 입습니다.

Otuzsekiz beden giyiniyorum.

오투즈세키즈　　　베덴　　　기이니요룸

499. 터키에서 사용하는 사이즈를 모릅니다.

Turkiye′deki bedenleri bilmiyorum.

튀르키예에데키　　　　베덴레리　　　　빌미요룸

500. 어떤 색의 옷을 생각하셨습니까?

Elbiseyi ne renk düşünüyorsunuz?

엘비세에　　네　렌크　　　뒤쉬뉘요르수누즈

501. 어떤 색을 원하십니까?

Ne renk istiyorsunuz?

네　　렌크　　　이스티요르수누즈

502. 파란색이나 파란색 톤이요.

Mavi veya mavi tonları.

마비 붸야 마비 톤라르

503. 검은색 이나 갈색이요.

Siyah veya kahverengi olsun!

시야흐 붸야 카흐붸렝기 올순

504. 조금 더 진한 색을 원합니다.

Bir ton koyusunu istiyorum.

비르 톤 코유수누 이스티요룸

505. 셔츠를 보여 주시겠습니까?

Bana birkaç gömlek gösterebilir misiniz?

바나 비르카츠 굄렉 괴스테레빌리르 미시니즈

506. 스웨터를 하나 사고 싶습니다.

Bir kazak istiyorum.

비르 카작 이스티요룸

507. 색이 바랩니까?

Renk solar mı?

렝크 솔라르 므

508. 천이 줄어듭니까?

Kumaş çeker mi?

쿠마쉬 체케르 미

509. 이 옷을 입어 봐도 될까요?

Bu elbiseyi deneyebilir miyim?

부　엘비세이　데네에빌리르　미임

510. 탈의실이 어디입니까?

Kabin nerede?

카빈　네레데

511. 저쪽에 거울이 있습니다.

Ayna şurada.

아이나　슈라다

512. 저에게 맞습니까?

Üstüme uydu mu?

위스튀메　우이두　무

513. 잘 어울립니다.

Çok iyi uydu.

촉　이이　우이두

514. 이것은 어울리지 않는군요.

Bu uymaz.

부　우이마즈

515. 이 옷은 저에게 꼭 끼는군요.

Bu elbise bana dar.

부　엘비세　바나　다르

쇼
핑

516. 이것은 색깔이 너무 진해요.

Bu renk çok koyu.

부 렌크 촉 코유

517. 색깔이 마음에 안들어요.

Bunun rengini beğenmedim.

부눈 렌기니 베엔메딤

518. 이 옷은 시간이 지나면 색깔이 변합니까?

Bu elbise zaman geçtikçe renk değişiyor
mu?

부 엘비세 자만 게츠틱체 렌트 데이시요르
무

쇼
핑

519. 다른 것들을 더 보여주시겠습니까?

Daha başkalarını gösterebilir misiniz?

다하 바쉬카라르느 괴스테레빌리르 미시니즈

520. 이것은 판매용입니까?

Bu satılık mı?

부 사틀륵 므

521. 판매용이 아닙니다.

Satılık değil.

사틀륵 데일

522. 더 싼 것이 없습니까?

Daha ucuz birşey yok mu?

다하 우주즈 비르쉐이 욕 무

523. 더 큰 것이 없습니까?

Daha büyük birşey yok mu?

다하 뷔육 비르쉐이 욕 무

524. 무늬가 마음에 들지 않습니다.

Bunun desenlerini beğenmedim.

부눈 데센레리니 베엔메딤

525. 이 자켓이 저에게 어때요?

Bu ceket bana nasıl oldu ?

부 제켓 바나 나슬 올두

526. 이 보다 얇은 것을 원합니다.

Daha ince birşey istiyorum.

다하 인제 비르쉐이 이스티요룸

527. 치마 색깔에 어울립니까?

Eteğin rengine uyuyor mu?

에테인 렝기네 우유요르 무

528. 이것이 마음에 듭니다. 사겠습니다.

Bunu beğendim, alıyorum.

부누 베엔딤, 알르요룸

529. 세탁기에 세탁해도 됩니까?

Makinada yıkanabilir mi?

마키나다   이으카나빌리르   미

530. 너무 비싼 것은 원하지 않습니다.

Fazla pahalı bir şey istemiyorum.

파즐라   파할르   비르 쉐이   이스테미요룸

531. 이것을 사지 않겠습니다.

Bunu almıyorum.

부누   알므요룸

532. 마음에 드는 것이 있으면 사겠습니다.

Hoşuma giden şey varsa alırım.

호쉬마   기덴   쉐이   와르사   알르름

533. 그가 마음에 들어하지 않으면 교환할 수 있습니까?

Eğer beğenmezse bunu değistirmek mümkün mü?

에에르   베엔메즈세   부누   데이쉬티르멕
뮘퀸   뮈

534. 며칠 안에 교환해야 합니까?

Kaç gün içinde değistirmek gerek?

카츠   균   이친데   데이쉬티르멕   게렉

535. 이것들을 호텔까지 보내 주실 수 있습니까?

Bunları otele gönderebilir misiniz?

분라르　　오텔레　　괸데레빌리르　　미시니즈

536. 이것을 포장해주세요.

Bunu paket yapın, lütfen.

부누　　파켓　　야픈,　　뤼트펜

537. 이것이 바로 제가 원했던 것입니다.

Bu tam benim istediğim.

부　　탐　　베님　　이스테디임

538. 이 주소로 보내 주세요.

Bu adrese gönderin, lütfen.

부　　아드레세　　괸데린,　　뤼트펜

539. 신발을 사고 싶습니다.

Bir çift ayakkabı istiyorum.

비르　치프트　아약카브　　이스티요룸

540. 몇 사이즈를 신으십니까?

Kaç numara giyiyorsunuz?

카츠　　누마라　　기이요르수누즈

541. 41 사이즈를 신습니다.

Kırkbir numara.

크르크비르　　누마라

542. 무슨 색깔을 원하세요.

Ne renk istiyorsunuz?

네   렌크   이스티요르수누즈

543. 갈색이요.

Kahverengi.

카흐붸렌기

544. 이 신발은 너무 작군요.

Bu ayakkabı dar.

부   아약카브   다르

545. 더 큰 치수는 없습니까?

Daha büyük numarası yok mu?

다하   뷔윅   누마라스   욕   무

546. 이 신발은 너무 크군요.

Bu ayakkabı çok geniş.

부   아약카브   촉   게니쉬

547. 검은 색으로 같은 모델이 있습니까?

Bu modelin siyahı var mı?

부   모델린   시야흐   와르   므

548. 같은 것으로 갈색 있습니까?

Aynısının kahverengi var mı?

아이느스는   카흐베렌기   와르   므

549. 안됐지만 남아 있지 않습니다.

Maalesef kalmadı.

마알레세프   칼마드

550. 유감스럽지만 없습니다.

Maalesef bulunmaz.

마알레세프   불룬마즈

551. 이 신발을 고칠 수 있습니까?

Bu ayakkabıyı tamir edebilir misiniz?

부   아약카부이으   타미르   에데빌리르   미시니즈

552. 언제까지 됩니까?

Ne zamana hazır olur?

네   자마나   하즈르   올루르

553. 구두약을 사고 싶습니다.

Ayakkabı cilası istiyorum.

아약카브   질라스   이스티요룸

554. 이것은 얼마입니까?

Bu ne kadar?

부   네   카다르

555. 이것은 수입품입니까?

Bu ithal malı mı?

부   이트할   말르   므

556. 이것은 무엇으로 만들어졌습니까?

Bu neden yapılmış?

부　　네덴　　야플므쉬

557. 이것은 인조 가죽입니까?

Bu suni deri mi?

부　　수니　데리　미

558. 너무 비싸군요. 조금 깎아주세요.

Çok pahalı. Biraz indirim yapın.

촉　　파할르　　비라즈　　인디림　　야픈

559. 이것은 할인 가격입니까?

Bu indirimli fiyat mı?

부　　인디림리　　피야트　므

560. 여기에서 흥정을 해도 됩니까?

Burada pazarlık edebilir miyim?

부라다　　파자르륵　　에데빌리르　미이임

☞ 터키에서 물건을 살 경우에는 정찰제로 파는 백화점이나
대형 상점을 제외하고는 대부분의 장소에서 흥정을 할 수 있
습니다. 특히 선물용품은 반드시 깎아야 하고 정찰제인 곳에
서도 여러 가지 물건을 한꺼번에 구입 할 경우 약간의 할인을
부탁할 수 있습니다.

561. 여기는 정찰제 입니다.

Burada sabit fiyatla satılır.

부라다 사빗 피야트라 사틀르르

562. 계산대는 저기에 있습니다.

Kasa orada.

카사 오라다

563. 여행자 수표로 지불할 수 있습니까?

Seyahat çekiyle ödeyebilir miyim?

세야핫 체키일레 외데예빌리르 미이임

564. 달러도 받으십니까?

Dolar kabul eder misiniz?

돌라르 카불 에데르 미시니즈

565. 신용카드로 지불할 수 있습니까?

Kredi kartı kabul eder misiniz?

크레디 카르트 카불 에데르 미시니즈

566. 영수증을 주시겠습니까?

Fatura rica ediyorum.

파투라 리자 에디요룸

567. 이것을 바꿔 주시겠습니까?

Bunu değiştirebilir misiniz?

부누 데이쉬티레빌리르 미시니즈

568. 환불해 주실 수 있습니까?

Paramı iade eder misiniz?

파라므 이아데 에데르 미시니즈

569. 여기 영수증이 있습니다.

İşte fatura.

이쉬테 파투라

교통에 관한 관용 표현

(1) 비행기 여행에 관한 관용 표현

570. 안탈리야에 가는 비행기 있습니까?

Antalya′ya uçuş var mı?

안탈리야야　　우추쉬　와르　므

571. 앙카라까지 비행기 있습니까?

Ankara′ya uçak var mı?

앙카라야　　우착　와르　므

572. 비행기 연착이 있습니까?

Uçakta rötar var mı?

우착타　료타르　와르　므

573. 이것은 직항입니까?

Bu bir direk uçuş mu?

부　비르　디렉　우추쉬　무

574. 비행기를 갈아타야 합니까?

Uçakta aktarma var mı?

우착타　악타르마　와르　므

575. 이스탄불 비행기표 한 장 부탁합니다.

İstanbul′a bir uçak bileti lütfen.

이스탄불라　비르　우착　빌레트　뤼트펜

576. 비행기가 언제 이륙합니까?

Uçak ne zaman kalkıyor?

우착　네　자만　칼크요르

577. 안내 사무소가 어디에 있습니까?

Danışma bürosu nerede?

다르쉬마　뷔로수　네레데

578. 수화물의 무게 제한은 얼마입니까?

Bagaj hakkı ne kadar?

바가지　하크　네　카다르

579. 초과 수화물 요금은 얼마입니까?

Fazla bagaj ücreti ne kadar?

파즐라　바가즈　위즈레티　네　카다르

580. 이스탄불까지 왕복 티켓은 얼마입니까?

İstanbul′a gidiş-dönüş bileti ne kadar?

이스탄불라　기디쉬　되뉘쉬　빌레티　네　카다르

581. 이스탄불까지 편도 티켓은 얼마입니까?

İstanbul'a gidiş bileti ne kadar?

이스탄불라　기디쉬 빌레티　네　카다르

582. 왕복 티켓을 위한 할인이 있습니까?

Gidiş-dönüş biletlerinde indirim var mı?

기디쉬 되뉘쉬　빌레트레린데　인디림　와르 므

583. 학생할인이 있습니까?

Öğrenciler için indirim var mı?

외렌지레르　이친　인디림 와르 므

☞ 국제 학생증이 있을 경우 비행기 티켓뿐만 아니라 박물관 입장료 등 많은 곳에서 10%의 할인을 받을 수 있으니 여행 전에 국제 학생증을 발급 받는 것도 여행을 보다 저렴하게 할 수 있는 지혜입니다.

584. 그룹할인이 있습니까?

Grup için indirim var mı?

그룹　이친　인디림　와르 므

585. 그룹할인은 몇 명부터 적용됩니까?

Grup için indirim kaç kişiden itibaren uygulanıyor?

그룹　이친　인디림　카츠　키쉬덴　이티바렌 우이굴라느요르

586. 5명 이상부터 적용됩니다.

Bes kişiden daha fazla gruplar için uygulanıyor.

베쉬 키쉬덴 다하 파즐라 그룹라르 이친
우이굴라느요르

587. 우리도 그룹 할인을 받을 수 있습니까?

Grup indiriminden yararlanabiliyor miyiz?

그룹 인디리민덴 야라르라나빌리요르
미이즈

588. 이 티켓의 기간이 얼마입니까?

Bu biletin süresi ne ?

부 빌레틴 쉬레시 네

589. 이 티켓의 기간을 연장하고 싶습니다.

Bu biletin süresini uzatırmak istiyorum.

부 빌레틴 쉬레시니 우자트르막 이스티요룸

590. 추가 요금을 내야 합니까?

Bunun için ek ücret vermek lazım mı?

부눈 이친 에크 위즈렛 웨르멕 라즘 므

591. 저는 오픈 티켓이 있습니다.

Açık tarihli biletim var.

아측 타리흘리 빌레팀 와르

592. 티켓을 바꿀 수 있습니까?

Biletimi değiştirebilir miyim?

빌레티미　데이쉬티레빌리르　미이임

593. 이스탄불까지 2자리 예약하고 싶습니다.

İstanbul' a iki yer ayırtmak istiyorum.

이스탄불라　이키 예르　아이르트막　이스티요룸

594. 무슨 요일을 원하십니까?

Hangi gün istiyorsunuz?

한기　귄　이스티요르수누즈

595. 화요일이면 좋겠습니다.

Salı günü ise iyi olur.

살르　귀뉘　이세 이이 올루르

596. 카파도키야에 하루에 비행이 몇 회 있습니까?

Kapadokya' ya günde kaç uçuşunuz var?

카파도키야야　귄데　카츠　우추쉬누즈　와르

597. 하루에 2회 있습니다.

Günde iki kez var.

귄데　이키 케즈　와르

598. 금연석으로 주세요.

Sigara içilmeyen bölümü istiyorum.

시가라　이칠메옌　뵐뤼뮈　이스티요룸

599. 창가 자리로 주세요.

Pencere yanında bir yer istiyorum.

펜제레   야는다   비르 예르   이스티요룸

600. 이스탄불에 몇 시에 도착합니까?

İstanbul′a saat kaçta varırız?

이스탄불라   사아트   카츠타   와르르즈

601. 제 가방을 어디에서 찾아야 합니까?

Bavulumu nereden alacağım?

바불루무   네레덴   알라자음

602. 이 가방들 제 것입니다.

Bu bavullar benim.

부   바불라르   베님

603. 제 가방을 찾을 수가 없습니다.

Bavulumu bulamıyorum.

바불루무   불라므요룸

604. 분실물 신고를 어디에 해야 합니까?

Kayıp eşya için nereye başvuracağım?

카이읍   에쉬야   이친   네레예   바쉬부라자음

605. 일요일 2시 이스탄불행 비행기 좌석을 확인하고
싶습니다.

Pazar günü saat iki′de İstanbul′a giden
uçak için yerimi onaylatmak istiyorum.

파자르　귀뉘　사아트 이키데　이스탄불라　기덴
우착　이친　예리미　오나이라트막　이스티요룸

606. 비행기표를 취소할 수 있습니까?

Biletimi iptal edebilir miyim?

빌레티미　입탈　에데빌리르　미이임

607. 비행기표를 언제 받아야 합니까?

Bileti ne zaman alacağım?

빌레티　네　자만　알라자음

608. 하루 전에 받으셔야 합니다.

Bileti bir gün önce almalısınız.

빌레티 비르　귄　왼제　알말르스느즈

609. 터키 항공 사무실이 어디입니까?

Türk Hava Yolları Bürosu nerede?

투룩　하와　욜라르　뷔로수　네레데

610. 탑승 수속을 언제 합니까?

Ne zaman bilet kaydı yapacağım?

네　자만　빌레트　카이드　야파자음

611. 담배를 꺼 주세요.

Lütfen, sigaralarınızı söndürün.

뤼트펜, 시가라라르느즈 쇤뒤륀

(2) 고속버스, 시내버스, 돌무쉬, 택시 이용시의 관용 표현

612. 버스 터미날이 어디 있습니까?

Otogar nerede?

오토가르 네레데

613. 앙카라행 첫차가 언제 있습니까?

Ankara′ya ilk otobüs ne zaman?

앙카라야 일크 오토뷔스 네 자만

614. 이즈미르행 막차가 언제 있습니까?

İzmir′e son otobus ne zaman?

이즈미레 손 오토뷔스 네 자만

615. 다음 차는 언제 있습니까?

Gelecek otobüs ne zaman?

겔레젝 오토뷔스 네 자만

616. 앙카라행 버스가 얼마 만에 한 번씩 있습니까?

Ankara′ya ne kadar zamanda bir otobüs var?

앙카라야　　　네　카다르　　　자만다　　비르　오토뷔스
와르

617. 시간표를 얻고 싶습니다.

Bir tarife almak istiyorum.

비르 타리페　　알막　　이스티요룸

교
통

618. 앙카라행 버스가 몇시에 출발합니까?

Ankara′ya giden otobüs saat kaçta hareket ediyor?

앙카라야　　　　기덴　　오토뷔스　　사아트　카츠타
하레켓　　에디요르

619. 이즈미르까지 요금이 얼마입니까?

İzmir için ücret ne kadar?

이즈미르 이친 위즈렛　네　카다르

620. 어린이는 반값 아닌가요?

Çocuk için yarım tarife, degil mi?

초죽　　이친　　야름　　타리페　데일　미

621. 앙카라까지 표 한 장 주세요.

Ankara′ya bir bilet istiyorum.

앙카라야　　　비르 빌레트　　이스티요룸

622. 편도요, 왕복이요?

Gidiş mi, gidiş-dönüş mü?

기디쉬 미, 기디쉬 되뉘쉬 뮈

623. 어디에서 버스표를 팝니까?

Otobüs biletleri nerede satılıyor?

오토뷔스 빌레트레리 네레데 사틀르요르

624. 이 버스는 특급입니까?

Bu otobüs ekspres mi?

부 오토뷔스 엑스프레스 미

625. 앙카라에 몇 시에 도착합니까?

Ankara′ya ne zaman varıyoruz?

앙카라야 네 자만 와르요루즈

626. 여행 시간이 얼마나 걸립니까?

Yolculuk ne kadar sürer?

욜주룩 네 카다르 쉬레르

627. 버스가 어느 플랫폼에서 출발합니까?

Otobüs hangi perondan kalkar?

오토뷔스 한기 페론단 칼카르

628. 이 버스 아피온에서 멈춥니까?

Bu otobüs Afyon′da durur mu?

부 오토뷔스 아피온다 두루르 무

629. 멀미를 하는데요.

Beni otobüs tuttu.

베니 오토뷔스 투투

630. 토프카프 궁전에 가는 버스가 어디에서 출발합니까?

Topkapı sarayına giden otobüs nereden kalkar?

토프카프 사라이나 기덴 오토뷔스 네레덴
칼카르

631. 탁심에 가려면 어느 버스를 타야합니까?

Taksim′e gitmek için hangi otobüse binmeliyim?

탁심에 기트멕 이친 한기 오토뷔세
빈멜리임

632. 버스 정류장이 어디입니까?

Otobüs durağı nerede?

오토뷔스 두라으 네레데

633. 돌마 바으체궁에 가는 버스가 어느 것입니까?

Dolmabahçe Sarayı′na hangi otobüs gidiyor?

돌마바르체 사라이나 한기 오토뷔스
기디요르

634. 버스표를 어디에서 팝니까?

Otobüs biletleri nerede satılıyor?

오토뷔스   빌레트레리   네레데   사틀르요르

635. 탁심에 가려면 어디에서 내려야 합니까?

Taksim′e gitmek için nerede inmem gerekiyor?

탁시메   기트멕   이친   네레데   인멤
게레키요르

636. 탁심에 도착하면 말씀해 주시겠습니까?

Taksim′e gelince söyler misiniz?

탁시메   겔린제   쇠일레르   미시니즈

637. 다음 역에서 내려 주세요.

Beni gelecek durakta indirin, lütfen.

베니   겔레젝   두락타   인디린,   뤼트펜

638. 탁심에 어떻게 갈 수 있습니까?

Taksim′e nasıl gidebilirim?

탁시메   나슬   기데빌리림

639. 돌무쉬로 가실 수 있습니다.

Dolmuşla gidebilirsiniz.

돌무쉴라   기데빌리르시니즈

640. 거기에 가는 버스는 없습니까?

Oraya otobüs yok mu?

오라야 　오토뷔스 　욕 　무

641. 돌무쉬를 어디에서 탈 수 있습니까?

Dolmuşa nereden binebilirim?

돌무쉬아 　네레덴 　비네빌리림

642. 조금 앞쪽에, 오른쪽에 돌무쉬 정류장이 있습니다.

Biraz ilerde, sağ tarafta dolmuş durağı var.

비라즈 　일레르데, 사으 　타라프타 　돌무쉬 　두라으 와르

643. 돌무쉬 요금이 얼마입니까?

Dolmuş ücreti ne kadar?

돌무쉬 　위즈레티 　네 카다르

644. 이 돌무쉬가 찬카야에 갑니까?

Bu dolmuş Çankaya′ya gidiyor mu?

부 　돌무쉬 　찬카야야 　기디요르 　무

645. 한명 요금을 앞으로 전달해주시겠습니까?

Bir kişilik ücreti uzatır mısınız?

비르 　키쉬릭 　위즈레티 우자트르 　므스느즈

646. 잔돈이 있으십니까?

Bozuk paranız var mı?

보죽   파라느즈   와르 므

647. 잔돈으로 주세요.

Lütfen bozuk para veriniz.

뤼트펜   보죽   파라   웨리니즈

648. 잔돈이 없습니다.

Bozuk yok.

보죽   욕

교통

649. 두 사람 요금을 10만리라 짜리로 냈습니다.

İki kişi için yüz bin verdim.

이키 키쉬   이친 유즈   빈   웨르딤

☞ 잔돈을 돌려 받지 못했거나 잘못 받았을 때 사용할 수 있습니다.

650. 저 모퉁이에서 내려 주시겠습니까?

Şu köşede indirir misiniz?

슈   쾨쉐데   인디리르 미시니즈

651. 내릴 사람이 있습니다.

İnecek var.

이네젝   와르

652. 적당한 곳에 내려주세요.

Müsait bir yerde lütfen!

뮤사잇   비르   예르데   뤼트펜

653. 시내에 어떻게 갈 수 있습니까?

Şehir merkezine nasıl gidebilirim?

셰히르   메르케지네   나슬   기데빌리림

654. 택시로 갈 수 있습니다.

Taksiyle gidebilirsiniz.

탁시일레   기데빌리르시니즈

655. 택시 한 대 불러 주세요.

Bana bir taksi çağırın, lütfen.

바나   비르   탁시   차으른,   뤼트펜

656. 저기에 택시 정류장이 있습니다.

Şurada bir taksi durağı var.

슈라다   비르   탁시   두라으   와르

657. 힐튼 호텔에 가고 싶습니다.

Hilton oteline gitmek istiyorum.

힐튼   오텔리네   기트멕   이스티요룸

658. 힐튼 호텔까지 요금이 얼마입니까?

Hilton oteline ücret ne kadar?

힐튼   오텔리네   위즈렛   네   카다르

교통

659. 기본 요금이 얼마입니까?

Başlangıç ücret ne kadar?

바쉬란그츠 위즈렛 네 카다르

660. 심야 요금은 언제 부터 시작됩니까?

Gece tarifesi ne zaman başlıyor?

게제 타리페시 네 자만 바쉴리요르

661. 이 주소로 가고 싶습니다.

Bu adrese gitmek istiyorum.

부 아드레세 기트멕 이스티요룸

교
통

662. 이 가방들을 택시에 옮겨 주시겠습니까?

Bu çantaları taksiye götürebilir misiniz?

부 찬타라르 탁시예 교튀레빌리르 미시니즈

663. 제가 길을 설명해 드리겠습니다.

Ben yolu tarif edeceğim.

벤 욜루 타리프 에데제임

664. 앞에 가는 택시를 따라가 주세요.

Önündeki taksiyi takip edin.

외뉜데키 탁시이 타킵 에딘

665. 첫 번째 모퉁이에서 왼쪽으로 도세요.

İlk köşebaşından sola dönün.

일크 쾨셰바쉰단 솔라 되뉜

666. 똑바로 계속 가세요.

Doğru devam edin.

도우루　데왐　에딘

667. 여기에서 멈추세요.

Burada durun, lütfen.

부라다　두룬,　뤼트펜

668. 조금 천천히 운전하시겠습니까?

Arabayı daha yavaş kullanabilir misiniz?

아라바이으　다하　야와쉬　쿨라나빌리르　미시니즈

669. 조금 빨리 가주실 수 있으세요.

Daha hızlı gidebilir misiniz?

다하　흐즐르　기데빌리르　미시니즈

670. 제가 좀 급한 일이 있습니다.

Acelem var.

아젤렘　와르

◆ 돌무쉬

돌무쉬는 우리나라의 마을 순환 버스와 비슷한 종류의 미니 버스로서 터키만이 가지고 있는 특색중의 하나입니다.

어느 곳에서나 빈자리가 있을 때는 손을 들면 차를 세워 태워 주며 내리고 싶은 곳에서 내릴 수가 있습니다. 요금은 직접 운전기사에게 내거나 앞에 있는 사람을 통하여 전달하는 방식으로 지불하기 때문에 앞에 앉은 사람은 다소 귀찮은 돈 계산을 해야 하는 경우가 생깁니다.

그리고 대부분 좌석에 맞는 인원만을 태우도록 법으로 규정되어 있기 때문에 아무리 바빠

도 일단 좌석에 승객이 다 차게 되면 다음 돌무쉬를 기다려야만 합니다. 그러나 배차 간격이 짧기 때문에 시내 버스(보통 30~40분을 기다려야 합니다)를 이용하는 것보다는 훨씬 편리합니다.

한가지 불편한 점이 있다면 자신이 내릴 곳을 직접 외쳐야 하기 때문에 외국인의 경우에는 조금 어려운 일이 될 수도 있습니다.

한가지 일화를 소개하자면 '내릴 사람 있어요' 라는 뜻의 'İnecek var.' (이네젝 와르)를 외치고 싶었던 한 외국인이 'İnek var.' (이넥 와르) '소가 있습니다' 를 외쳐 돌무쉬 안을 바로 웃음바다로 만들었다고 합니다.

◖ 편리한 버스여행

터키에서는 다른 어떤 교통 수단보다도 버스 여행이 편리합니다.

장거리 여행(보통7~8시간)이 대부분이기 때문에 심야에 출발하는 버스들이 많이 있고 경쟁 버스 회사들이 많이 있어 최상의 서비스를 제공받을 수 있습니다. 대부분의 버스들은 터미널인 오토가르(Otogar)에서 모이게 되지만 몇몇 고급 버스들은 별도의 터미널을 소유하고 있으니 마중 나올 사람이 있을 경우에는 반드시 버스 이름을 사전에 알려 주어야 합니다. 버스에는 1-2명의 보조원들이 있어 차나 음료수 그리고 빵이나 비스킷등을 제공하는 등 승객들이 불편함 없이 여행을 할 수 있도록 세심한 배려를 해 줍니다. 버스에서뿐만 아니라 표를 구입할 때에도 원할 경우에는 여성은 여성끼리 앉을 수 있도록 자리 배치에도 신경을 써줍니다.

새벽에 휴게소에서 간단히 먹을 수 있는 수프 쿠폰을 배부하는 것도 터키에서의 버스여행을 즐겁게 해주는 하나의 특색으로 소개할 수 있습니다.

또한 대부분의 고급 버스들에는 화장실이 있어 편리하게 사용할 수 있으며 목적지에 도착하면 시내까지 각 회사별로 셔틀버스를 운행하고 있어 더욱 더 편리합니다.

(3) 기차에 관한 표현

671. 이즈미르까지 일등석 왕복표 한 장 주세요.

İzmir′e birinci mevki bir gidiş-dönüş
bileti, lütfen!

이즈미레　　비린지　　메브키　비르　기디쉬　되뉘쉬
빌레티, 뤼트펜

672. 일요일 표 3 자리를 예약하고 싶습니다.

Pazar günü için üç kişilik yer ayırtmak
istiyorum.

파자르　귀뉘　이친　위치　키쉴릭　예르　아이르트막
이스티요룸

673. 이스탄불까지 일등석 편도는 얼마입니까?

İstanbul′a birinci mevki gidiş bileti ne
kadar?

이스탄불라　비린지　　메브키　기디쉬　빌레티　네
카다르

674. 앙카라에 첫차가 언제 있습니까?

Ankara′ ya ilk tren ne zaman?

앙카라야　일크 트렌　네　자만

675. 앙카라행 기차가 몇 시에 출발합니까?

Ankara treni saat kaçta hareket ediyor?

앙카라　트레니　사아트　카츠타　하레켓　에디요르

676. 앙카라까지 요금이 얼마입니까?

Ankara için ücret ne kadar?

앙카라　이친　위즈렛　네　카다르

677. 기차가 제시간에 출발합니까?

Tren zamanında kalkar mı?

트렌　자마는다　칼카르　므

678. 기차에 식당 칸이 있습니까?

Trende yemekli vagon var mı?

트렌데　예멕리　와곤　와르　므

679. 기차에 침대칸이 있습니까?

Trende yataklı vagon var mı?

트렌데　야탁르　와곤　와르　므

680. 이스탄불행 기차가 어느 플랫폼에서 출발합니까?

İstanbul treni hangi peronda kalkıyor?

이스탄불　트레니　한기　페론다　칼크요르

681. 이 기차는 특급 열차입니다.

Bu tren ekspres.

부　트렌　엑스프레스

682. 이즈미르행 기차는 2시에 있습니다.

İzmir´e saat iki´de tren var.

이즈미레　사아트　이키데　트렌　와르

683. 앙카라행 기차 플랫폼이 맞습니까?

Ankara treni için doğru peronda mıyız?

앙카라　트레니　이친　도오루　페론다　므이으즈

684. 이것이 메르신행 기차입니까?

Mersin treni bu mu?

메르신　트렌니　부　무

685. 제 자리인 것 같은데요.

Zannedersem burası benim yerim.

잔네데르셈　부라스　베님　예림

686. 당신의 자리는 창가입니다.

Sizin yeriniz pencerenin yanı.

시진　예리니즈　펜제레닌　야느

687. 창문을 열어도 될까요?

Pencereyi açabilir miyim?

펜제레이　아차빌리르　미이임

688. 창문을 열어도 되겠습니까?

Pecereyi açık bırakabilir miyim?

펜제레이　아측　브라카빌리으　미이임

689. 담배를 피워도 될까요?

Sigara içebilir miyim?

시라라　이체빌리르　미이임

690. 이즈미르에 도착하면 알려 주시겠습니까?

İzmir´e varırken bana haber verir misiniz?

이즈미레　　와르르켄　　바나　　하베르　　웨리르
미시니즈

691. 10분동안 연착이 되겠습니다.

On dakikalık bir gecikme olacak.

온　　다키카륵　　비르　　게직메　　올라작

692. 지금 어느 역이죠?

Bu hangi istasyon, acaba?

부　　한기　　이스타시온,　　아자바

693. 기차가 여기에서 얼마나 정차합니까?

Tren burada ne kadar durur?

트렌　　부라다　　네　카다르　　두루르

694. 식당칸이 어디에 있습니까?

Yemekli vagon nerede?

예멕리　　와곤　　네레데

695. 침대칸이 어디입니까?

Yataklı vagon nerede?

야탁르　　와곤　　네레데

(4) 배에 관한 관용 표현

696. 이즈미르에 가는 배가 언제 출발합니까?

İzmir'e gemi ne zaman kalkıyor?

이즈미레　게미　네　자만　칼크요르

697. 다음 페리보트는 언제 출발합니까?

Bundan sonraki feribot ne zaman
kalkıyor?

분단　　　손라키　　페리보트　네　　자만
칼크요르

698. 어디에서 출발합니까?

Nereden kalkıyor?

네레덴　　칼크요르

699. 마르마리스 항구에 언제 도착합니까?

Marmaris limanına ne zaman
yanaşacağız?

마르마리스　　　리마느나　　　네　　　자만
야나샤자으즈

700. 자동차 승선료는 얼마입니까?

Otomobil için ne kadar ödemem lazım?

오토모빌　이친 네　카다르　외데멤　라즘

701. 어떤 항구들을 들르게 됩니까?

Hangi limanlara uğrayacak?

한기　　리만라라　　우으라야작

702. 실례지만 3번 선실이 어디입니까?

Affedersiniz, üç numaralı kabin nerede?

아페데르시니즈,　위츠　누마랄르　카빈　네레데

703. 저에게 배 멀미약 좀 주세요.

Lütfen bana deniz tutmasına karış bir ilaç verin.

뤼트펜　바나　데니즈　투트마스나　카르쉬 비르
일라츠 붸린

704. 선장과 얘기 좀 하고 싶습니다.

Kaptan´la konuşmak istiyorum.

캅탄라　　코누쉬막　　이스티요룸

705. 저에게 다른 선실을 주시겠습니까?

Bana başka kamara verir misiniz?

바나　바쉬카　카마라　웨리르　미시니즈

12 전화에 관한 관용 표현

706. 여보세요, 교환입니까?

Alo, santral mı?

알로, 산트랄 므

707. 한국에 전화를 하겠습니다.

Kore′ye telefon edeceğim.

코레예 텔레폰 에데제임

708. 전화 번호가 어떻게 되죠?

Telefon numaranız ne?

텔레폰 누마라느즈 네

709. 전화 번호는 0082-2-415-4536입니다.

Telefon numaram sıfır sıfır sekseniki iki
dörtkyüz onbeş kırkbeş otuzaltı.

텔레폰 누마람 스프르 스프르 섹센이키 이키

되르트위즈 온베쉬 크르크베쉬 오투즈알트

☞ 터키에서 한국으로 전화를 할 때는 먼저 00을 누른 후 국
가번호 82번을 누르면 됩니다.

710. 수신자 부담으로 하고 싶습니다.

Ödemeli görüşmek istiyorum.

외데멜리　　괴뤼쉬멕　　이스티요룸

☞ 직접 수신자 부담 전화를 하려면 00800828282를 누르고
교환원과 통화하세요. 교환원은 물론 한국인입니다.

711. 통화중입니다.

Hat meşgul.

핫　　메쉬굴

712. 전화를 받지 않습니다.

Aradığınız numara cevap vermiyor.

아라드으느즈　　누마라　　제밥　　웨르미요르

713. 전화를 잘못 연결해 주셨습니다.

Bana yanlış numarayı bağladınız.

바나　　얀느쉬　　누마라이으　　바을라드느즈

714. 구내 전화 번호를 아십니까?

Dahili telefon numarasını biliyor
musunuz?

다힐리　　텔레폰　　누마라스느　　빌리요르
무수누즈

715. 23번을 연결해 주시겠습니까?

Yirmi üç numarayı bağlar mısınız?

이르미 위츠　누마라이의　바을라르　므스느즈

716. 연결이 끊어졌습니다.

Bağlantı kesildi.

바을란트　케실디

☞ 706.-716.번까지는 교환원을 통해 전화 할 때의 표현입니다.

717. 어디에서 전화를 할 수가 있습니까?

Nereden telefon edebilir miyim?

네레덴　텔레폰　에데빌리르　미이임

718. 가장 가까운 전화 박스가 어디 있습니까?

En yakın telefon kabini nerede?

엔　야큰　텔레폰　카비니　네레데

719. 전화가 고장인데요.

Telefon arızalı.

텔레폰　아르잘르

720. 제톤 하나 주세요.

Bir telefon jetonu istiyorum.

비르　텔레폰　제토누　이스티요룸

☞ 공중 전화는 카드용과 제톤(전화용 동전)용이 있는데 우체국에서 카드와 제톤을 구입할 수 있습니다. 때로는 길거리

에서 파는 경우도 있습니다.

721. 시내 통화를 위한 제톤 하나 주세요.

Şehir içi telefon için bir jeton lütfen!

쉐히르 이치 텔레폰 이친 비르 제톤 뤼트펜

722. 여보세요, 저는 무라트입니다.

Alo, ben Murat.

알로, 벤 무라트

723. 말씀하세요. 누구를 찾으십니까?

Buyurun, kimi arıyorsunuz?

부유룬, 키미 아르요르수누즈

724. 누구세요?

Kiminle konuşuyorum?

키밀레 코누수요룸

725. 무라트씨와 통화하고 싶은데요.

Murat Beyle konuşmak istiyorum.

무라트 베일레 코누쉬막 이스티요룸

726. 무라트씨를 바꿔 주시겠습니까?

Murat Beyi verir misiniz?

무라트 베이 웨리르 미시니즈

727. 무라트씨 계십니까?

Murat Bey orada mı?

무라트 베이 오라다 므

728. 누구세요?

Kimsiniz?

킴시니즈

729. 전화하신 분은 누구십니까?

Kim arıyordu?

킴 아르요르두

730. 여기에는 그런분 안계십니다.

Aradığınız kimse burada yok.

아라드으느즈 킴세 부라다 욕

731. 지금 외부에 계신데요.

Şimdilik dışarıda.

쉼디릭 드샤르다

732. 본인이 지금 안계십니다.

Kendisi şu anda yok.

켄디시 슈 안다 욕

733. 잠시만 기다리세요.

Bir dakika bekleyin.

비르 다키카 베클렌인

734. 메모 좀 받아주시겠습니까?

Lütfen not alır mısınız?

뤼트펜 노트 알르르 므스느즈

735. 메세지를 남기시겠습니까?

Bir mesaj bırakmak istiyor musunuz?

비르 메사지 브라크막 이스티요르 무수누즈

736. 돌아오면 저에게 전화 해 달라고 말씀해 주시겠습니까?

Lütfen gelince beni aramasını söyler misiniz?

뤼트펜 겔린제 베니 아라마스느 쇠일레르 미시니즈

737. 전화 했었다고 전해 주세요.

Kendisini aradığımı söyler misinz?

켄디시니 아라드으므 쇠일레르 미시니즈

738. 예, 전해 드리겠습니다.

Peki, söylerim.

페키, 쇠일레림

739. 언제 돌아올지 아십니까?

Ne zaman döneceğini biliyor musunuz?

네 자만 되네제이니 빌리요르 무수누즈

740. 10분 후에 다시 전화하시겠습니까?

On dakika sonra tekrar arar mısınız, lüften?

온 　　다키카 　　손라 　　테크라르 　　아라르 　　므스느즈
뤼트펜

741. 그렇다면 30분 후에 다시 전화하겠습니다.

Öyleyse yarım saat sonra tekrar ararım.

외일에이세 　　야름 　　사아트 　　손라 　　테크라르 　　아라름

742. 몇 번에 전화하셨습니까?

Hangi numarayı aradınız?

한기 　　누마라이으 　　아라드느즈

743. 전화 잘못 거셨습니다.

Yanlış numarayı aradınız.

얀르쉬 　　누마라이으 　　아라드느즈

744. 전화해 주셔서 감사합니다.

Aradığınız için çok teşekkür ederim.

아라드으느즈 　　이친 　　촉 　　테쉐퀴르 　　에데림

745. 안녕히 계세요.

Hoşça kalın.

호쉬차 　　칼른

746. 잘 안 들리는데 조금 크게 말씀해 주시겠습니까?

İyi dinlemiyorum. Daha yüsek sesle söyler misiniz?

이이　　　딘레미요룸.　　　　다하　　육섹　　세슬레
쇠일레르　미시니즈

747. 천천히 말씀해 주세요.

Lütfen yavaş konuşun.

뤼트펜　　야와쉬　　　코누순

748. 다시 한번 말씀해 주세요.

Lütfen tekrar ediniz.

뤼트펜　　테크라르　에디니즈

749. 지금 전화가 연결이 안되고 있습니다.

Aradığınız numaraya şu an ulaşamıyor.

아라드으느즈　　누마라야　　슈　안　울라샤므요르

750. 다시 걸어주시기 바랍니다.

Lütfen, tekrar arayın.

뤼트펜,　　테크라르　아라이은

13 주유소와 자동차, 사고에 관한 관용 표현

751. 가장 가까운 주유소가 어디에 있습니까?

En yakın benzin istasyonu nerede?

엔 야큰 벤진 이스타시오누 네레데

752. 몇 리터 원하세요?

Kaç litre istiyorsunuz?

카츠 리트레 이스티요르수누즈

753. 벤진 20리터 주세요.

Yirmi litre benzin istiyorum.

이르미 리트레 벤진 이스티요룸

754. 고급으로 30리터 주세요.

Otuz litre süper istiyorum.

오투즈 리트레 쉬페르 이스티요룸

755. 100만 리라치 벤진 주세요.

Bir milyon liralık benzin istiyorum.

비르 밀리온 리라륵 벤진 이스티요룸

756. 가득 채워 주세요.

Dopoyu doldurun.

데포유　　돌두룬

757. 세차 좀 해 주세요.

Arabayı yıkayın.

아라바이으　이으카이은

758. 앞유리를 좀 닦아 주세요.

Ön camı temizler misiniz?

왼　자므　테미즈레르　미시니즈

759. 가장 가까운 정비소가 어디 있습니까?

En yakın tamirhane nerede?

엔　야큰　타미르하네　네레데

760. 어디가 고장입니까?

Arabanın neresi arızalı?

아라바는　네레시　아르잘르

761. 엔진에 이상이 있습니다.

Motorda arıza var.

모토르다　아르자　와르

762. 수리가 몇 일이나 걸립니까?

Tamiri ne kadar sürer?

타미리　네　카다르　쉬레르

763. 이틀 걸립니다.

İki gun sürer.

이키 귄 쉬레르

764. 좀더 빨리 안될까요?

Daha kısa sürede tamir etmeniz
mümkün değil mi?

다하 크사 쉬레데 타미르 에트메니즈
뮘퀸 데일 미

765. 타이어를 좀 봐 주세요.

Lastikleri kontrol eder misiniz?

라스틱레리 콘드롤 에데르 미시니즈

766. 이 타이어를 갈아 주시겠습니까?

Bu lastiği değiştirir misiniz?

부 라스트으 데이쉬티리르 미시니즈

767. 부품이 언제 옵니까?

Yedek parçalar ne kadar zamanda gelir?

예덱 파르차라르 네 카다르 자만다 겔리르

768. 배기관에서 소리가 나는데요.

Egzost borusu ses yapıyor.

에그조스트 보루수 세스 야프요르

769. 와이퍼가 작동하지 않습니다.

Silecekler çalışmıyor.

실레젝레르　　찰르쉬므요르

770. 사고가 났습니다.

Kaza oldu.

카자　올두

771. 사고가 어디에서 났습니까?

Kaza nerede oldu?

카자　네레데　올두

772. 사망자가 있습니까?

Ölen var mı?

욀렌　와르　므

773. 아니요, 사망자는 없지만 두 명이 부상당했습니다.

Hayır, ölen yok ama iki yaralı var.

하이으르,　욀렌　욕　아마　이키　야랄르　와르

774. 경찰에 연락해 주세요.

Lütfen, polise haber verin.

뤼트펜,　폴리세　하베르　웨린

775. 빨리 구급차를 불러주세요.

Hemen, bir ambülans çağırın.

헤멘, 비르 암뷜란스 차으른

776. 증인이 되어 주시겠습니까?

Tanıklık yapar mısınız?

타느륵 야파르 므스느즈

777. 견인차를 보내주시겠습니까?

Çekme aracı gönderir misiniz?

체크메 아라즈 괸데리르 미시니즈

778. 자동차 한 대를 빌리고 싶습니다.

Bir araba kiralamak istiyorum.

비르 아라바 키랄라막 이스티요룸

779. 하루에 얼마입니까?

Günlüğü ne kadar?

귄뤼위 네 카다르

780. 면허증이 있으십니까?

Şoför ehliyetiniz var mı?

쇼페르 에흘리예티니즈 와르 므

781. 예, 국제 면허증이 있습니다.

Evet, uluslararası şoför ehliyetim var.

에벳, 울루스라르아라스 쇼페르 에흘리예팀 와르

782. 면허증을 볼 수 있을까요?

Lütfen ehliyetinizi görebilir miyim?

루트펜　에흘리예티니지　괴레빌리르　미이임

◆ 중소도시에서의 횡단보도

처음 터키를 방문한 사람들이 가장 당황하는 일 중 하나가
길을 건너는 일입니다.

신호를 무시하고 마구 달리는 자동차들과 횡단보도는 단지
도로 위에 그려진 그림에 지나지 않는 듯 원하는 곳에서 무작
정 도로에 뛰어들어 길을 건너는 사람들.

이것이 터키의 일상적인 도로 풍경입니다.

'세계에서 브레이크를 언제 밟아야 할지 가장 잘 아는 국민이
터키인' 이라는 농담 섞인 말을 하며 부끄러워 하던 터키인 친구
얼굴이 떠오릅니다. 터키에서 길을 건너기 위해 녹색 불이 켜
지기를 기다리는 것이 시간 낭비인 듯 비 칠 수 있으나 자신
의 안전에 관한 문제이니 항상 조심하는 습관을 갖는 것이 좋
겠습니다.

783. 도와 드릴까요?

Yardım edebilir miyim?

야르듬　에데빌리르　미이임

784. 무엇을 찾으십니까?

Ne arıyorsunuz?

네　아르요르수누즈

785. 치약, 칫솔은 어디 있습니까?

Diş fırçası ve diş macunu nerede?

디쉬 프르차스 웨 디쉬　마주누　네레데

786. 어떤 색깔을 원하십니까?

Ne renk istiyorsunuz?

네　렌크　이스티요르수누즈

787. 초록색으로 주세요.

Yeşili tercih ederim.

예쉴리 테르지흐　에데림

788. 어떤 상표를 원하십니까?

Ne marka istiyorsunuz?

네　마르카　이스티요르수누즈

789. 얼마입니까?

Borcum ne kadar?

보루줌　네　카다르

790. 우유가 신선합니까?

Süt taze mi?

쉬트　타제　미

791. 이 우유를 바꿔 주시겠습니까?

Bu sütü değiştirir misiniz?

부　쉬튀　데이쉬티리르　미시니즈

물건사기

792. 이 우유는 상했습니다.

Bu süt çürükmüş.

부　쉬트　취뤽뮈쉬

793. 달걀은 어디 있습니까?

Yumurta nerede?

유무르타　네레데

794. 오늘 온 것입니까?

Bu günlük yumurta mı?

부　귄뤽　유무르타　므

795. 간장 있습니까?

Soya sosu var mı?

소야　소수　와르 므

796. 쌀 1 킬로 주세요.

Bir kilo pirinç verin.

비르 킬로　피린치　웨린

797. 5리터 짜리 물 한 병 주세요.

Beş litrelik su lütfen.

베쉬　리트레릭　수　뤼트펜

798. 신선한 빵 2개 주세요.

İki taze ekmek istiyorum.

이키 타제　에크멕　이스티요룸

☞ 터키에서는 빵 종류를 크게 에크멕(ekmek)과 피데 (pide) 2가지로 나눌 수 있는데 에크멕은 프랑스의 바게트와 비슷한 형태로 대부분의 식당에서 제공되는 등 피데에 비하여 더 자주 식탁에 놓여지는 빵입니다.

피데는 피자와 비슷하나 단순히 밀가루만을 사용하여 빈대떡 형태로 구운 것으로 얇고 둥글넓적한 모양을 하고 있으며 맛이 담백합니다.

대부분의 터키인들은 아침식사로 에크멕과 차이(Tea), 그리고 올리브를 먹습니다.

799. 신선한 케익 있습니까?

Taze kekiniz var mı?

타제　케키니즈　와르　므

800. 야채와 과일을 사려고 합니다.

Sebze ve meyve almak istiyorum.

세브제　웨　메이붸　알막　이스티요룸

801. 어떤 야채들이 있습니까?

Sebzelerden neler var?

세브제레르덴　네레르　와르

802. 시금치, 양배추, 당근, 고추와 토마토가 있습니다.

Sebze olarak ıspanak, lahana, havuç, biber ve domates var.

세브제　올라락　으스파낙,　라하나,　하우츠,
비베르　웨　도마테스　와르

803. 가격은 어떻게 합니까?

Fiyatlar nasıl?

피야트라르　나슬

804. 오렌지는 얼마입니까?

Portakal kaça?

포르타칼　카차

805. 1킬로에 십만 리라입니다.

Kilosu yüz bin lira.

킬로수 유즈 빈 리라

806. 이것들 신선합니까?

Bunlar taze mi?

분라르 타제 미

807. 사과 1킬로 주세요.

Elma 1 kilo verin.

엘라 비르 킬로 웨린

808. 이 사과들 단단합니까?

Bu elmalar sert mi?

부 엘마라르 세르트 미

809. 저쪽에 있는 것들 중에서 주세요.

Şunlardan verin.

스라르단 웨린

810. 이것들은 좋지 않군요.

Bunlar kaliteli değil.

분라르 칼리텔리 데일

811. 체리 1킬로와 바나나 2킬로 주세요.

Bir kilo kiraz ve iki kilo muz verin.

비르 킬로 키라즈 웨 이키 킬로 무즈 웨린

812. 양파 2킬로 주세요.

İki kilo kuru soğan verin.

이키 킬로 쿠루 소안 웨린

813. 봉지에 넣어 주시겠습니까?

Torbaya koyar mısınız?

토르바야 코야르 므스느즈

814. 전부 합해서 얼마입니까?

Hepsi ne kadar tuttu?

헵시 네 카다르 투투

815. 전부 합해서 70만 리라입니다.

Hepsi yetmiş bin lira.

헵시 에트미쉬 빈 리라

816. 다른 과일은 원하지 않습니다.

Başka meyve istemiyorum.

바쉬카 메이붸 이스테미요룸

817. 소고기 1킬로 주세요.

Bir kilo dana eti istiyorum.

비르 킬로 다나 에티 이스티요룸

818. 소 갈비는 킬로에 얼마입니까?

Dana pirzolası kilosu kaça?

다나 피르졸라스 킬로수 카차

819. 킬로에 40만 리라 입니다.

Kilosu dört yüz bin lira.

킬로수 되르트 위즈 빈 리라

820. 어떻게 잘라 드릴까요?

Nasıl keseceğim?

나슬   케세제임

821. 작은 조각으로 잘라주세요.

Kuşbaşı olsun!

쿠쉬바쉬   올순

☞ 쿠쉬바쉬(Kuşbaşı)의 의미는 쿠쉬는 '작은 새' 와 바쉬는 '머리' 를 각각 의미합니다. 여기에서는 작은 새 머리 정도의 크기로 자르라는 뜻입니다.

822. 신선한 닭고기 있습니까?

Taze tavuğunuz var mı?

타제   타부우누즈   와르 므

823. 물론입니다. 날개로 드릴까요, 아니면 다리로 드릴까요?

Tabii, kanatlardan mı istiyorsunuz ,
yoksa bacaklardan mı ?

타비이,   카나트라르단   므   이스티요르수누즈,

욕사   바작라르단   므

824. 다리로 1킬로 사겠습니다.

Bir kilo bacak alacağım.

비르 킬로　바작　알라자음

825. 기름기 없는 걸로 1킬로 갈아주세요.

Bir kilo yağsız kıyma lütfen.

비르 킬로　야으스즈　크이마　뤼트펜

15 우체국에서의 관용적 표현

826. 근처에 우체국이 있습니까?

Buralarda postane var mı?

부라라르다　　포스타네　와르　므

☞ 터키에서는 우체국을 P.T.T(페테테) 라고도 합니다.

827. 우체통이 어디 있습니까?

Posta kutusu nerede?

포스타　　쿠투수　　네레데

828. 우체국의 근무 시간이 언제입니까?

P.T.T hangi saatlerde açık?

페테테　한기　사아트레르데　아측

829. 우체국은 몇 시에 시작합니까 ?

Postane saat kaçta açılır?

포스타네　사아트　카츠타　아츨르르

830. 우체국은 몇 시에 끝납니까?

Postane saat kaçta kapanır.

포스타네　사아츠　카츠타　카파느르

831. 이것을 한국으로 보내고 싶습니다.

Bunu Kore′ye göndermek istiyorum.

부누　　코레예　　　괸데르멕　　　이스티요룸

832. 어느 창구로 가야 합니까?

Hangi gişeye gitmem gerek?

한기　　기쉐에　　기트멤　　게렉

833. 한국까지 우편 요금이 얼마입니까?

Kore′ye bir mektup kaç liraya gidiyor?

코레예　비르　메크툽　카츠　리라야　기디요르

834. 20 그램까지는 10만 리라입니다.

Yirmi grama kadar yüz bin lira.

이르미　그라마　카다르　위즈　빈　리라

16 해변, 캠핑에 관한 관용 표현들

835. 구명대가 있습니까?

Cankurtaran var mı?

잔구르타란 　　 와르 　 므

836. 어린아이들에게 안전합니까?

Çocuklar için emniyetli mi?

초죽라르 　 이친 　 엠니예틀리 　 미

837. 튜브를 빌리고 싶습니다.

Deniz yatağı kiralamak istiyorum.

데니즈 　 야타으 　　 키랄라막 　　 이스티요룸

838. 파라솔을 어디에서 빌릴 수 있습니까?

Güneş şemsiyesini nereden kiralayabilirim?

규네쉬 　 쉠시예시니 　 네레덴 　　 키랄라야빌리림

839. 모터 보트를 빌리고 싶습니다.

Deniz motoru kiralamak istiyorum.

데니즈 　 모토루 　　 키랄라막 　　 이스티요룸

840. 시간당 얼마입니까?

Saati kaça?

사아티 카차

841. 어디까지 들어갈 수 있습니까?

Ne kadar açılabiliriz?

네 카다르 아츨라빌리리즈

842. 수영을 잘 하십니까?

İyi yüzüyor musunuz?

이이 위쥐요르 무수누즈

843. 예, 수영을 아주 잘 합니다.

Evet, çok iyi yüzüyorum.

에벳, 촉 이이 위쥐요룸

844. 물의 온도가 얼마입니까?

Suyun sıcaklığı kaç derece?

수윤 스작르으 카츠 데레제

845. 여기에서 야영을 해도 됩니까?

Burada kamp yapabilir miyiz?

부라다 캄프 야파빌리르 미이즈

846. 예, 야영지가 있습니다.

Evet, kamp yerimiz var.

에벳, 캄프 예리미즈 와르

847. 하루 밤에 얼마입니까?

Geceliği ne kadar?

게제리이　네　카다르

848. 텐트를 어디에 세울 수 있습니까?

Çadır nereye kurabilirim?

차드르　네레예　쿠라빌리림

849. 불을 피워도 됩니까?

Ateş yakabilir miyiz?

아테쉬　야카빌리르　미이즈

850. 식수가 있습니까?

İçme suyu bulunur mu?

이츠메　수요　불루누르　무

851. 샤워실이 있습니까?

Duşlar var mı?

두쉬라르　와르　므

852. 근처에 식료품점이 있습니까?

Yakında bakkal var mı?

야큰다　박칼　와르　므

853. 화장실은 어디 있습니까?

Tuvalet nerede?

투발렛　네레데

854. 텐트를 하루 빌리는데 얼마입니까?

Çadır için günlük kirası ne kadar?

차드르　이친　귄뤽　키라스　네　카다르

855. 쓰레기는 어디에 버려야 합니까?

Çöpler nereye atmalıyız?

쵭레르　네레예　아트말르이으즈

856. 여기에서 전기를 연결할 수 있습니까?

Burada elektrik bağlantısı var mı?

부라다　엘렉트릭　바을란트스　와르　므

857. 자동차를 여기에 주차 시켜도 됩니까?

Arabamızı buraya park edebilir miyiz?

아라바므즈　부라야　파르크　에데빌리르　미이즈

17 영화, 공연에 관한 관용 표현

858. 영화관에 좋은 영화가 있습니까?

Sinemalarda iyi bir film var mı?

시네마라르다　이이 비르　필림 와르 므

859. 악퀸 극장에서 타이타닉을 상영해요.

Akün sinemasında Titanic oynuyor.

악퀸　　　시네마슨다　　　타이타닉 오이누요르

860. 주연이 누구입니까?

Baş rolde kim oynuyor?

바쉬　롤데 킴　오이누요르

861. 타이타닉은 5월 1일부터 상영합니다.

Titanic bir Mayıs′ tan itibaren gösterilecek.

타이타닉 비르 마이느스탄　이티바렌　괴스테릴레젝

862. 영화가 몇시에 시작합니까?

Film saat kaçta başlıyor?

필림 사아트 카츠타 바쉴르요르

863. 표를 어디에서 사야 합니까?

Bileti nereden alabilirim?

빌레티　네레덴　알라빌리림

864. 저쪽에 줄이 있습니다.

Şurada kuyruk var.

슈라다　쿠이룩　와르

865. 줄을 서 주세요.

Sıraya girin, lütfen.

스라야　기린,　뤼트펜

866. 오늘 저녁 표 있습니까?

Bu akşam için bilet var mı?

부　악샴　이친 빌레트 와르 므

867. 안됐지만 오늘 저녁 표는 남아 있지 않습니다.

Maalesef, bu akşam için bilet kalmadı.

마알레세프,　부　악샴　이친 빌레트　칼마드

868. 금요일 밤 2자리 예약하고 싶습니다.

Cuma akşamı için iki yer ayırtmak istiyorum.

주마　악샤므　이친　이키 예르　아이르트막
이스티요룸

869. 영화가 몇 시에 끝납니까?

Film saat kaçta bitiyor?

필림 사아트 카츠타 비티요르

870. 앞쪽에 자리가 있습니까?

Ön sıradan yeriniz var mı?

왼 스라단 예리니즈 와르 므

871. 너무 뒤쪽이지 않게 해 주세요.

Çok gerilerde olmasın.

촉 게리레르데 올마슨

872. 표를 볼 수 있을까요?

Biletinizi görebilir miyim?

빌레티니지 교레빌리르 미이임

873. 당신의 자리는 여기입니다.

Yeriniz burası.

예리니즈 부라스

874. 누구의 작품입니까?

Kimin eseri?

키민 에세리

875. 어떤 종류의 연극입니까?

Ne tür bir oyun?

네 튀르 비르 오윤

876. 쉬는 시간은 얼마입니까?

Perde arası ne kadar?

페르데 아라스 네 카다르

877. 15분입니다.

Bir çeyrek. 또는 On beş dakika

비르 체이렉. 온 베쉬 다키카

878. 첫 번째 저녁 공연은 몇 시에 시작합니까?

İlk akşam seansı saat kaçta başlar?

일크 악샴 세안스 사아트 카츠타 바슬라르

879. 프로그램을 주시겠습니까?

Bir program verir misiniz?

비르 프로그람 웨리르 미시니즈

880. 오페라 하우스는 어디입니까?

Opera nerede?

오페라 네레데

881. 콘서트 홀이 어디입니까?

Konser salonu nerede?

콘세르 살로누 네레데

882. 어떤 오케스트라가 연주합니까?

Hangi orkestra çalıyor?

한기 오르케스트라 찰르요르

883. 외투를 맡길 수 있습니까?

Paltomu bırakabilir miyim?

팔토무　　브라카빌리르　미이임

884. 휴대품 보관소가 어디있습니까?

Vestiyer nerede?

붸스티에르　네레데

18 이발(미용)실에 관한 관용 표현

885. 가장 가까운 이발(미용)실이 어디입니까?

En yakın berber(kuaför) nerede?

엔　야큰　베르베르(쿠아페르)　네레데

886. 호텔에 이발(미용)실이 있습니까?

Otelde berber(kuaför) var mı?

오텔데　베르베르(쿠아페르)　와르　므

887. 좋은 이발(미용)실 하나 권해 주시겠습니까?

Bana iyi bir berber(kuaför) tavsiye eder misiniz?

바나　이이 비르　베르베르(쿠아페르)　타브시예 에데르
미시니즈

888. 내일 아침에 예약을 할 수 있습니까?

Yarın sabaha bir randevu alabilir miyim?

야른　사바하　비르　란데부　알라빌리르　미이임

889. 어떤 스타일을 원하십니까?

Nasıl bir model istiyorsunuz?

나슬　비르　모델　이스티요르수누즈

890. 짧은 머리 스타일을 원합니다.

Kısa bir saç modeli istiyorum.

크사 비르 사츠 모델리 이스티요룸

891. 머리를 감겨드릴까요?

Şampu ister misiniz?

샴푸 이스테르 미시니즈

892. 예, 감겨 주세요.

Evet, istiyorum.

에벳, 이스티요룸

893. 머리를 자르고 싶습니다.

Saçımı kestirmek istiyorum.

사츠므 케스티르멕 이스티요룸

894. 염색을 하고 싶습니다.

Saçımı boyatmak istiyorum.

사츠므 보아트막 이스티요룸

895. 색상 카탈로그가 있습니까?

Renk kataloğunuz var mı?

렌크 카타로우누즈 와르 므

896. 갈색으로 염색해 주세요.

Kahverengiye boyatmak istiyorum.

카흐붸렌기예 보아트막 이스티요룸

897. 조금 더 밝은 색으로 해 주세요.

Daha açık bir ton istiyorum.

다하   아측 비르 톤   이스티요룸

898. 조금 진한 색으로 해 주세요.

Daha koyu bir ton istiyorum.

다하   코유 비르 톤   이스티요룸

899. 드라이를 해 주세요.

Fön istiyorum.

푄   이스티요룸

900. 파마 해 주세요.

Perma istiyorum.

페르마   이스티요룸

901. 옆가르마를 원하십니까 아니면 앞가르마를 원하
십니까?

Saçınız yandan mı, yoksa ortadan mı
ayırayım?

사츠느즈   안단   므,   욕사   오르타단   므
아이라이음

902. 옆가르마로 해주세요.

Yandan lütfen.

얀단   뤼트펜

903. 젤은 원하지 않습니다.

Jöle istemiyorum.

졀레　이스테미요룸

904. 스프레이는 원하지 않습니다.

Sprey istemiyorum.

스프레이　이스테미요룸

905. 면도해 주세요.

Traş olmak istiyorum.

트라쉬　올막　이스티요룸

906. 너무 짧게 자르지 마세요.

Çok kısa kesmeyin.

촉　크사　케스메인

907. 뒷부분을 잘라 주세요.

Arkadan kısaltın.

아르카단　크살튼

908. 다듬어만 주세요.

Sadece tarayın.

사데제　타라이은

909. 윗부분을 잘라주세요.

Üstten kısaltın.

위스텐　크살튼

910. 앞부분을 조금만 잘라 주세요.

Önden biraz alın.

왼덴   비라즈 알른

911. 옆부분을 조금 더 잘라주세요.

Kenarlardan biraz daha kesin.

케나르라르단   비라즈   다하   케신

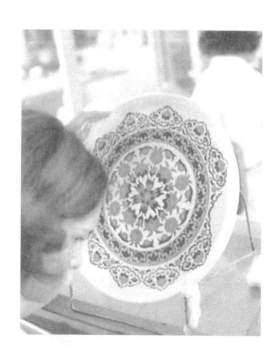

19 세탁소에서의 관용적 표현

912. 근처에 세탁소가 있습니까?

Buralarda kuru temizleyici var mı?

부라라르다　쿠르　테미즈레이지　와르　므

913. 이 옷을 세탁해 주세요.

Bu elbiseyi temizletmek istiyorum.

부　엘비세이　테미즈레트멕　이스티요룸

914. 이 옷을 다림질 해 주세요.

Bu elbiseyi ütületmek istiyorum.

부　엘비세이　위튀레트멕　이스티요룸

915. 이 얼룩을 없앨 수 있습니까?

Bu lekeyi çıkarabilir misiniz?

부　레케이　츠가라빌리르　미시니즈

916. 이것을 꿰매 주실 수 있습니까?

Bunu dikebilir misiniz?

부누　디케빌리르　미시니즈

917. 이 단추를 달아주시겠습니까?

Bu düğümeyi dikebilir misiniz?

부 뒤위메이 디케빌리르 미시니즈

918. 이 옷을 수선해 주실 수 있으십니까?

Bu elbiseyi tamir edebilir misiniz?

부 엘비세이 타미르 에데빌리르 미시니즈

☞ 옷 모양을 바꾸려고 할 때, 즉 바지 단을 내리거나 치마 단을 올리려 할 경우에 다른 표현을 쓴다.

919. 이 옷의 모양을 고치려합니다.

Bu elbiseyi tadilat edebilir misiniz?

부 엘비세이 타딜랏 에데빌리르 미시니즈

920. 소매를 좀 줄여 주실 수 있습니까?

Kollar kısaltır mısınız?

콜라르 크살트르 므스느즈

921. 언제까지 됩니까?

Ne zamana hazır olur?

네 자마나 하즈르 올루르

922. 이 옷이 내일 필요한데요.

Bu elbise bana yarın lazım.

부 엘비세 바나 야른 라즘

923. 내일이면 됩니다.

Yarına hazır olur.

야르나 하즈르 올루르

924. 이틀 후에 됩니다.

İki gün sonra hazır olur.

이키 귄 손라 하즈르 올루르

925. 이 옷은 제것이 아닙니다.

Bu benim elbisem değil.

부 베님 엘비셈 데일

926. 내일 아침에 집으로 가져다 주실 수 있습니까?

Yarın sabahleyin evime getirebilir misiniz?

야른 사바흐레인 에비메 게티레빌리르
미시니즈

20 길 안내, 방향, 장소에 관한 관용 표현

927. 실례합니다.

Affedersiniz.

아페데르시니즈

928. 우체국에 어떻게 가야 합니까?

Postaneye nasıl gidebilirim?

포스타네예   나슬   기데빌리림

929. 똑바로 가시다가 왼쪽으로 도세요.

Doğru gidiniz, sonra sola dönün.

도우루   기디니즈,   손라   솔라   되뉜

930. 이즈미르에 가는 고속도로에 어떻게 갈 수 있습니까?

İzmir′e giden otoyola nasıl gidebilirim?

이즈미게   기덴   오토욜라   나슬   기데빌리림

931. 보드룸에 가는 길이 이 길입니까?

Bodrum′a giden yol bu mu?

보두루마   기덴   욜   부   무

932. 오른쪽으로 도세요.

Sağa dönün.

사아   되뉜

933. 이곳이 지름길입니다.

Burası en kestirme yol.

부라스   엔   케스티르메   욜

934. 여기에서 많이 멉니까?

Buraya çok uzak mı?

부라야   촉   우작   므

935. 아니요. 500미터 정도 앞에 있습니다.

Hayır, Beş yüz metre kadar ilerde.

하이으르,   베쉬   위즈   메트레   카다르   일레르데

936. 조금만 앞으로 가세요.

Biraz ilerleyin.

비라즈   일레르레인

937. 2번째 신호에서 오른쪽으로 가세요.

İkinci trafik ışığından sağ tarafa gidin.

이킨지   트라픽   으시은단   사으   타라파   기딘

938. 다리를 지나서 똑바로 가세요.

Köprüden geçince doğru gidin.

쾨프뤼덴   게친제   도으루   기딘

939. 이 길은 어디로 가는 길입니까?

Bu yol nereye gidiyor?

부 욜 네레예 기디요르

940. 지도에서 제가 어디에 있는지 가르쳐 주시겠습니까?

Haritada nerede bulunduğumu gösterir misiniz?

하리타다 네레데 불룬두우무 괴스테리르

미시니즈

941. 다음 마을까지는 거리가 얼마나 됩니까?

Sonraki köye ne kadar mesafe var?

손라키 쾨에 네 카다르 메사페 와르

942. 이 주소가 어디입니까?

Bu adresi nereden bulabilirim?

부 아드레시 네레덴 불라빌리림

943. 이것은 어디있습니까?

Nerede bu?

네레데 부

944. 극장 앞에서 만납시다.

Sinemanın önünde buluşalım.

시네마는 외뉜데 불루샬름

945. 이 길은 일방 통행입니까?

Bu yol tek yönlü mü?

부 욜 텍 왼뤼 뮈

946. 제가 바른 길에 있습니까?

Doğru yolda mıyım?

도으루 욜다 므이음

947. 길을 잘못 들어오셨습니다.

Yanlış yoldasınız.

얀르쉬 욜다스느즈

948. 여기에서 500미터 정도 되돌아 가세요.

Buradan beş yüz metre kadar geri dönün.

부라단 베쉬 위즈 메트레 카다르 게리

되뉜

949. 36장 짜리 필름 주세요.

Otuz altı pozluk bir film istiyorum.

오투즈 알트 포즈룩 비르 필림 이스티요룸

950. 24장 짜리 필름 주세요.

Yirmi dört pozluk bir film istiyorum.

이르미 되르트 비르 필림 이스티요룸

951. 이 카메라에 맞는 필름 주세요.

Bu makina için film istiyorum.

부 마키나 이친 필림 이스티요룸

952. 흑백 필름으로 주세요.

Siyah-beyaz film istiyorum.

시야흐 - 베야즈 필림 이스티요룸

953. 필름을 카메라에 넣어 주시겠습니까?

Filmi fotoğraf makinasına takar mısınız?

필리미 포토으라프 마키나스나 타카르 므스느즈

954. 이 카메라가 작동을 안합니다.

Bu fotoğraf makinası çalışmıyor.

부 포토으라프 마키나스 찰르쉬므요르

955. 필름이 끼였습니다.

Film sıkıştı.

필림 스크쉬트

956. 당신의 사진을 찍어도 되겠습니까?

Fotoğrafınızı çekebilir miyim?

포토으라피느즈 체케빌리르 미이밈

957. 저희 사진을 좀 찍어 주시겠습니까?

Fotoğrafmızı çekebilir misiniz.

포토으라프므즈 체케빌리르 미시니즈

958. 찍습니다. 움직이지 마세요.

Çekiyorum. Hareket etmeyin.

체키요룸. 하레켓 에트메인

959. 웃으세요.

Gülümseyin.

귈륌세인

960. 저 배경이 나오게 해 주시겠습니까?

Şu manzarayı alır mısınız?

슈 만자라이으 알르르 므스느즈

사
진

961. 모자를 벗으세요.

Şapkayı çıkarın.

샤프카이으 츠카른

962. 이쪽을 보세요.

Buraya bakın.

부라야 바큰

963. 이 필름 좀 현상해 주세요.

Bu filmi banyo yapar mısınız?

부 필미 반요 야파르 므스느즈

964. 현상료가 얼마입니까?

Banyo için ne kadar alıyorsunuz?

반요 이친 네 카다르 알르요르수누즈

965. 몇 장씩 원하십니까?

Kaçar adet istiyorsunuz?

카차르 아데트 이스티요르수누즈

966. 각 필름마다 1장씩 해 주세요.

Her negatiften birer adet istiyorum.

헤르 네가티프텐 비레르 아데트 이스티요룸

967. 사람 수대로 빼 주세요.

Kişi başına birer adet olsun.

키쉬 바쉬나 비레르 아데트 올순

968. 이것을 확대해 주실 수 있습니까?

Bunu büyütebilir misiniz?

부누　뷔위테빌리르　미시니즈

969. 어떤 크기로 할까요?

Hangi ebatta olsun?

한기　에바타　올순

970. 이 카메라를 고치실 수 있습니까?

Bu makinayı tamir edebilir misiniz?

부　마키나이으　타미르 에데빌리르　미시니즈

971. 언제 찾을 수 있습니까?

Ne zaman alabilirim?

네　자만　알라빌리림

972. 언제까지 준비 됩니까?

Ne zamana hazır olur?

네　자마나　하즈르　올루르

973. 내일 받으실 수 있습니다.

Yarın alabilirsiniz.

야른　알라빌리르시니즈

22 안경, 시계, 보석에 관한 관용 표현

974. 안경알이 깨졌습니다.

Gözlüğümün camı kırıldı.

괴즈뤼뮌 　　자므 크를드

975. 고칠 수 있습니까?

Tamir edebilir misiniz?

타미르　에데빌리르　미시니즈

976. 안경알을 바꿔 주시겠습니까?

Camları değiştirir misiniz?

잠라르　데이쉬티리르　미시니즈

977. 선글라스를 원합니다.

Güneş gözlüğü istiyorum.

귀네쉬　괴즈뤼위　이스티요룸

978. 저것을 좀 볼 수 있을까요?

Şunu görebilir miyim?

슈누　괴레빌리르　미이임

979. 콘택트 렌즈를 원합니다.

Kontak-lens istiyorum.

콘탁   렌스   이스티요룸

980. 이것을 써봐도 될까요?

Bunu takabilir miyim?

부누   타카빌리르   미이임

981. 저에게 어울립니까?

Bana yakışıyor mu?

바나   야크쉬요르   무

982. 시계를 하나 사고 싶습니다.

Bir kol saati almak istiyorum.

비르 콜 사아티   알막   이스티요룸

983. 저 시계를 좀 볼 수 있을까요?

Şu saate bakabilir miyim?

슈 사아테   바카빌리르   미이임

984. 조금 더 싼 것을 원합니다.

Daha ucuz bir şey istiyorum.

다하   우주즈 비르 쉐이   이스티요룸

985. 이 것은 진짜 금입니까?

Bu hakiki altın mı?

부   하키키   알튼   므

986. 아닙니다, 모조입니다.

Hayır, sahte.

하이으르, 사흐테

987. 이 팔찌는 몇 돈입니까?

Bu bilezik kaç ayar?

부 빌레직 카츠 아야르

988. 18k 금반지 하나 주세요.

On sekiz ayar bir yüzük istiyorum.

온 세키즈 아야르 비르 위쥑 이스티요룸

989. 은이 색깔이 변했습니다.

Gümüşün rengi değişti.

귀뮈쉰 렝기 데이쉬티

990. 이것을 세척해 주세요.

Bunu temizletmek istiyorum.

부누 테미즈레트멕 이스티요룸

991. 여기에 다이아몬드가 있습니까?

Burada elmas var mı?

부라다 엘마스 와르 므

992. 이것으로 두 개 주시겠습니까?

Bunlardan iki tane verir misiniz?

분라르단 이키 타네 웨리르 미시니즈

993. 이것과 같은 것으로 사겠습니다.

Bununla aynısını alacağım.

부눈라 　 아이느스느 　 알라자음

994. 목걸이도 있습니까?

Kolye de var mı?

콜리예 　 데 　 와르 　 므

995. 근처에 병원이 있습니까?

Yakında bir hastane var mı?

야큰다   비르 하스타네 와르 므

996. 영어를 하는 의사가 있습니까?

İngilizce bilen bir doktor var mı?

잉길리즈제   빌렌 비르 독토르   와르 므

997. 저에게 좋은 의사 한 분 소개해 주시겠습니까?

Bana iyi bir doktor tavsiye edebililir misiniz?

바나   이이 비르   독토르   타브시예   에데빌리르

미시니즈

998. 문제가 무엇입니까?(어디가 아픕니까?)

Şikayetiniz ne?

쉬카예티니즈   네

999. 무슨 일이십니까?

Neyiniz var?

네이니즈 와르

1000. 어디가 아프십니까?

Nereniz ağrıyor?

네레니즈 아으르요르

1001. 기분이 좋지 않습니다.

Kendimi iyi hissetmiyorum.

켄디미 이이 히세트미요룸

1002. 언제부터 이렇게 느끼셨습니까?

Ne zamandan beri kendinizi böyle
hissediyorsunuz?

네 자만단 베리 켄디니지 뵈일레

히세이디요르수누즈

1003. 언제부터 불편하셨습니까?

Ne zamandan beri rahatsızsınız?

네 자만단 베리 라하트스즈스느즈

1004. 이틀전부터요.

İki günden beri.

이키 퀸덴 베리

1005. 무엇을 드셨습니까?

Ne yediniz?

네 예디니즈

1006. 여기가 아픕니다.

Buramda bir ağrı var.

부람다 비르 아으르 와르

1007. 감기에 걸렸습니다.

Grip oldum.

그립 올둠

1008. 머리가 아픕니다.

Başım ağrıyor.

바쉼 아으르요르

1009. 열이 있습니다.

Ateşim var.

아테쉼 와르

1010. 목이 아픕니다.

Boğazım ağrıyor.

보아즘 아으르요르

병원 · 약국

1011. 너무 춥습니다.

Şiddetli üşüttüm.

쉬데틀리 위쉬튐

1012. 배탈이 났습니다.

Midem bozuldu.

미뎀　　보줄두

1013. 설사를 하십니까?

İshal var mı?

이스할 와르　므

1014. 토했습니다.

Kustum.

쿠스툼

1015. 식욕이 없습니다.

İştahım yok.

이쉬타흠　　욕

1016. 차멀미를 했습니다.

Otobüs tuttu.

오토뷔스　　투투

1017. 넘어졌습니다.

Düştüm.

뒤쉬튐

1018. 어지럽습니다.

Başım dönüyor.

바쉼　　되뉘요르

병원·약국

1019. 당뇨병 환자입니다.

Şeker hastasıyım.

쉐케르   하스타스이음

1020. 심장병이 있습니다.

Kalp hastasıyım.

칼프   하스타스이음

1021. 페니실린에 알러지가 있습니다.

Penisiline karış alerjim var.

페니실리네   카르쉬   알레르짐   와르

1022. 여기에 누우세요.

Buraya uzanın, lütfen.

부라야   우자는,   뤼트펜

1023. 어디가 아픕니까?

Neresi acıyor?

네레시   아즈요르

1024. 숨을 깊게 쉬세요.

Derin nefes alın.

데린   네페스   알른

1025. 숨을 멈추세요.

Nefesinizi tuttun.

네페시니지   투툰

1026. 입을 벌리세요.

Ağzınızı açın.

아으즈느즈   아츤

1027. 기침을 하세요.

Öksürün , lütfen.

왹쉬륀,   뤼트펜

1028. 열을 재겠습니다.

Ateşinizi ölçeceğim.

아테쉬니지   욀체제임

1029. 혈압을 재겠습니다.

Tansiyonunuzu ölçeceğim.

탄시요누누주   욀체제임

1030. 주사를 놓겠습니다.

Size iğne yapacağım.

시제 이으네   야파자음

1031. X-ray를 찍어야 합니다.

Röntgeninizin çekilmesi lazım.

뢴트게니니진   체킬메시   라즘

1032. 혈액 검사와 소변 검사를 해야 합니다.

Kan ve idrar tahlili yaptırmanız gerek.

칸   웨 이드라르 타흐릴리   얍트르마느즈   게렉

1033. 상태가 안좋은가요?

Durumum kötü mü?

두루뭄 쾨튀 뮈

1034. 여행을 할 수 있습니까?

Seyahat edebilir miyim?

세야핫 에데빌리르 미이임

1035. 심각한 상태는 아닙니다.

Ciddi bir şey yok.

지디 비르 쉐이 욕

1036. 걱정할 것은 없습니다.

Merak edecek bir şey yok.

메락 에데젝 비르 쉐이 욕

1037. 저에게 2주 진단서를 주시겠습니까?

Bana iki haftalık rapor verebilir misiniz?

바나 이키 하프타륵 라포르 붸레빌리르 미시니즈

1038. 이 약을 하루에 3회 복용하십시오.

Bu ilaçtan günde üç defa kullanın.

부 일라츠탄 귄데 위치 데파 쿨란는

1039. 주무시기 전에 이 약을 한 알 드십시오.

Yatmadan önce bu haptan bir tane alın.

야트마단 왼제 부 합탄 비르 타네 알른

1040. 술과 담배를 끊으셔야 합니다.

İçki ve sigara kullanmamanız gerekiyor.

이츠키 붸　시가라　쿨란마마느즈　게레키요르

1041. 3일 후에 다시 오십시오.

Üç gün sonra yine gelin.

위치 퀸　손라　이네　겔린

1042. 전에 어떤 약을 복용하셨습니까?

Daha önce hangi ilaçları aldınız?

다하　왼제　한기　일라츠라르　알드느즈

1043. 가장 가까운 약국이 어디있습니까?

En yakın eczane nerede?

엔　야큰　에즈자네　네레데

1044. 약국에서 약을 사려면 처방전이 필요합니까?

Eczanede ilaç almak için reçete gerekir mi?

에즈자네데　일라츠　알막　이친　레체테　게레키르 미

1045. 예, 필요합니다.

Evet , gerek.

에벳,　게렉

1046. 이 약을 처방전 없이 구입할 수 있습니까?

Bu ilacı reçetesiz alabilir miyim?

부　일라즈　레체테시즈　알라빌리르　미이임

1047. 이 약을 주시겠습니까?

Bu ilacı verir misiniz?

부　일라즈　웨리르　미시니즈

1048. 이 처방전대로 약을 지어주세요.

Bu reçeteyi yapar mısınız?

부　레체테이　야파르　므스느즈

24 날씨에 관한 관용 표현

1049. 오늘 날씨가 어떻습니까?

Bugün hava nasıl?

부귄 하와 나슬

1050. 오늘 날씨가 좋습니다.

Bugün hava güzel.

부귄 하와 귀젤

1051. 날씨가 맑습니다.

Güneşli.

귀네쉴리

1052. 오늘은 날이 흐립니다.

Bugün hava kapalı.

부귄 하와 카팔르

1053. 무척 덥습니다.

Çok sıcak.

촉 스작

1054. 무척 춥습니다.

Çok soğuk.

촉   소욱

1055. 날씨가 덥지도 춥지도 않고 시원합니다.

Ne sıcak ne de soğuk, serin.

네 스작 네 데 소욱, 세린

1056. 구름이 많이 끼었습니다.

Çok bulutlu.

촉   불루트루

1057. 밖에는 비가 오고 있습니다.

Dışarıda yağmur yağıyor.

드샤르다   야으무르   야으요르

1058. 눈이 올 것입니다.

Kar yağacak.

카르   야으아작

1059. 바람이 붑니다.

Rüzgar esiyor.

뤼즈가르   에시요르

1060. 내일은 날씨가 어떨까요?

Yarın hava nasıl olacak?

아른   하와   나슬   올라작

1061. 내일은 비가 올 것입니다.

Yarın hava yağmurlu olacak.

야른 하와 야으무를루 올라작

1062. 주중 날씨가 어떨까요?

Hafta içinde hava nasıl olacak?

하프타 이친데 하와 나슬 올라작

1063. 어제 밤은 너무 더웠습니다.

Dün gece çok sıcaktı.

된 게제 촉 스작트

1064. 비가 그쳤습니다.

Yağmur durdu.

야르무르 두루두

1065. 오늘 기온이 몇도입니까?

Bugün hava kaç derece?

부귄 하와 카츠 데레제

1066. 오늘은 12도입니다.

Bugün on iki derece.

부귄 온 이키 데레제

1067. 터키에서는 겨울에 날씨가 어떻습니까?

Türkıye′ de kışın hava nasıl?

튀르키예데 크쉰 하와 나슬

날
씨

1068. 눈이 많이 옵니까?

Kar çok yağar mı?

카르 촉 야아르 므

1069. 눈이 많이 옵니다.

Kar çok yağar.

카르 촉 야아르

1070. 날씨가 제법 추워졌습니다.

Hava oldukça soğudu.

하와 올둑차 소우두.

1071. 도로 상황은 어떻습니까?

Yolların durumu nasıl?

욜라른 두루무 나슬

1072. 도로에 빙판이 있습니다.

Yollar buz tutmuş.

욜라르 부르 투트무쉬

1073. 도로가 통제됐습니다.

Yollar kapalı.

욜라르 카팔르

25 자주 쓰이는 간단한 관용 표현들

1074. 이것은 무슨 뜻입니까?

Bu ne demek?

부 네 데멕

1075. 이해 못했습니다.

Anlamadım.

안라마듬

1076. 서두르세요.

Acele edin.

아젤레 에딘

1077. 화장실은 어디입니까?

Tuvalet nerede?

투왈레트 네레데

☞ 터키에서는 대부분의 공중 화장실이 유료입니다. 입구에 돈을 받는 사람이 있으니 잔돈을 준비하셔야 합니다.

1078. 도와주세요.

Yarıdım edin.

야르듬   에딘

1079. 잘 지내세요?

İyi misiniz?

이이 미시니즈

1080. 기분이 괜찮으십니까?

Keyfiniz yerinde mi?

케이피니즈   예린데   미

1081. 미안합니다. 늦었습니다.

Özür dilerim. Geç kaldım.

외쥐르   딜레림.   게츠   칼듬

1082. 걱정하지 마세요.

Merak etmeyin.

메락   에트메인

1083. 잊었습니다.

Unuttum.

우누툼

1084. 잊지 마세요.

Unutmayın.

우누트마이은

1085. 불가능합니다.

Mümkün değil.

뮘퀸 　　데일

1086. 조심하세요.

Dikkat edin.

디카트 　에딘

1087. 안됐군요.

Ne yazık!

네 　야즉

1088. 유감입니다.

Üzgünüm.

위즈귀뇜

1089. 당신과는 상관없습니다.

Sizi ilgilendirmez.

시지 　일기렌디르메즈

1090. 거짓말 하지 마세요.

Yalan söylemeyin.

얄란 　　쇠일레메인

1091. 속이지 마세요.

Kandırmayın.

칸드르마이은

1092. 농담이예요.

Şaka yaptım.

샤카 얍틈

1093. 오해하지 마세요.

Yanlış anlamayın.

얀르쉬 안라마이은

1094. 죄송합니다.

Kusura bakmayın.

쿠수라 바크마이은

1095. 저는 상관 없습니다.

Benim için fark etmez.

베님 이친 파르크 에트메즈

☞ 마음대로 하세요라는 의미입니다. 이와 유사한 표현으로

'당신이 어떻게 원하든....'

Nasıl istersen....

나슬 이스테르센....

1096. 여기로 오세요.

Buraya gelin.

부라야 겔린

1097. 망설이지 말고 말씀하세요.

Çekinmeden söyleyin.

체킨메덴　　쇠일레인

1098. 당신이 맞습니다.

Haklısınız.

하클르스느즈

1099. 좋습니다.

Tamam.

타맘

1100. 끝났습니까?

Bitti mi?

비티　미

1101. 시작합시다.

Başlayalım.

바쉴라얄름

1102. 갑시다.

Gidelim.

기델림

1103. 또 만납시다.

Yine görüşürüz.

이네　　괴뤼쉬뤼즈

1104. 다른 방법이 없습니다.

Başka çarem yok.

바쉬카　차렘　욕

1105. 어디에 가십니까?

Nereye gidiyorsunuz?

네레예　기디요르수누즈

1106. 어디에서 오십니까?

Nereden geliyorsunuz?

네레덴　겔리요르수누즈

1107. 어디에 계십니까?

Neredesiniz ?

네레데시니즈

1108. 어디에 계셨습니까?

Neredeydiniz?

네레데이디니즈

1109. 언제 오셨습니까?

Ne zaman geldiniz?

네　자만　겔디니즈

1110. 언제 가실겁니까?

Ne zaman gideceksiniz?

네　자만　기데젝시니즈

1111. 누구와 가실겁니까?

Kiminle gideceksiniz?

키민레　　　　기데젝시니즈

1112. 내일 무엇을 하실겁니까?

Yarın ne yapacaksınız?

야른　네　　야파작스느즈

1113. 이것은 무엇에 쓰입니까?

Bu neye yarar?

부　　네예　야라르

1114. 이것을 어떻게 사용할 수 있습니까?

Bunu nasıl kullanabilirim?

부누나슬　　　쿨라나빌리림

1115. 무엇을 할까요?

Ne yapalım?

네　　야팔름

☞ 이 표현은 상황에 따라서는 어쩔 도리가 없다는 뜻으로
도 사용됩니다.

1116. 어디에서 만날까요?

Nerede buluşalım?

네레데　　　불루샬름

자주쓰는 간단한 표현들

1117. 오시기전에 전화하세요.

Gelmeden önce telefon açın!

겔메덴 왼제 텔레폰 아츤

1118. 여기에서 무슨 일이 일어났습니까?

Burada ne oldu?

부라다 네 올두

1119. 모든 것이 잘 되어가고 있습니다.

Her şey yolunda. 또는

헤르 쉐이 욜룬다.

Her şey iyi gidiyor

헤르 쉐이 이이 기디요르

1120. 진심이십니까?

Ciddi misiniz?

짇디 미시니즈

1121. 심각하게 받아들이지 마세요.

Ciddiye almayın.

지디예 알마이은

1122. 운이 참 좋으십니다.

Çok şanslısınız.

촉 샨스르스느즈

1123. 지루하십니까?

Sıkıldınız mı?

스클드느즈   므

1124. 불편하십니까?

Rahatsız mısınız?

라핫스즈   므스느즈

1125. 망설이지 말고 말씀하세요.

Çekinmeden söyleyin.

체킨메덴   쇠일레인

1126. 무엇을 하고 싶으십니까?

Ne yapmak istiyorsunuz?

네   야프막   이스티요르수느즈

1127. 당신을 위해서 제가 무엇을 할 수 있을까요?

Sizin için ne yapabilirim?

시진   이친 네   야파빌리림

1128. 평생 잊지 못할 겁니다.

Ömür boyunca unutmayacağım.

외뮈르   보윤자   우누트마야자음

1129. 준비되셨습니까?

Hazır mısınız?

하즈르   므스느즈

1130. 준비됐습니다.

Hazırım.

하즈름

1131. 준비가 안됐습니다.

Hazır değilim.

하즈르   데일림

1132. 누구 차례입니까?

Sıra kimde?

스라   킴데

1133. 당신 차례입니다.

Sıra sizde.

스라 시즈데

1134. 조심하세요.

Dikkat edin!

디캇   에딘

1135. 됐습니까?

Tamam mı?

타맘   므

1136. 확신하십니까?

Emin misiniz?

에민   미시니즈

1137. 확신합니다.

Eminim.

에민임

1138. 제 말을 좀 들으세요.

Beni dinleyin , lütfen!

베니 딘레인, 뤼트펜

1139. 저를 내버려 두세요.

Beni rahat bırak.

베니 라하트 브락

1140. 마음에 드십니까?

Beğendiniz mi?

베엔디니즈 미

1141. 아주 마음에 듭니다.

Çok beğendim.

촉 베엔딤

1142. 쉽습니까? / 어렵습니까?

Kolay mı? / Zor mu?

콜라이 므 조르 무

1143. 쉽습니다. /어렵습니다.

Kolay. / Zor.

콜라이 / 조르

1144. 너무 복잡하군요.

Çok kalabalık.

촉 칼라발륵

1145. 이 일에 끼어들지 마세요.

Bu işe karışmayın.

부 이쉐 카르쉬마이은

1146. 화 나셨습니까?

Kızdınız mı?

크즈드느즈 므

1147. 화내지 마세요.

Kızmayın.

크즈마이은

1148. 알아서 하십시오.

Siz bilirsiniz.

시즈 빌리르시니즈

1149. 당신을 많이 그리워했습니다. (보고 싶었습니다.)

Sizi çok özledim.

시지 촉 외즐레딤

1150. 후회합니다.

Pişman oldum.

피쉬만 올둠

1151. 이 정도요.

Bu kadar.

부　카다르

1152. 약속합니다.

Söz veriyorum.

쇠즈　　웨리요룸

1153. 저를 실망시키지 마세요.

Hayalımı kırmayın.

하얄르므　크르마이은

1154. 몸 조심하세요.

Kendinize iyi bakın.

켄디니제　이이　바큰

1155. 그렇게 생각합니다.

Öyle sanırım.

외일레　사느름

1156. 터키어로 이것의 이름이 무엇입니까?

Türkçede bunun adı ne ?

튀륵체데　부눈　아드　네

1157. 여기에 적어 주시겠습니까?

Buraya yazar mısınız ?

부라야　야자르　므스느즈

1158. 이것이 필요하십니까?

Buna ihtiyacınız var mı?

부나 이흐티야즈느즈 와르 므

1159. 그렇게 알고 있습니다.

Öyle biliyorum.

외일레 빌리요룸

1160. 귀찮게 해 드려서 죄송합니다.

Sizi rahatsız ettim, afferdersiniz.

시지 라한스즈 에팀, 아페데르시니즈

부록

1. 숫자

1) 기수

1.	bir	비르
2.	iki	이키
3.	üç	위취
4.	dört	됴르트
5.	beş	베쉬
6.	altı	알트
7.	yedi	예디
8.	sekiz	세키즈
9.	dokuz	도쿠즈
10.	on	온
11.	on bir	온 비르
12.	on iki	온 이키
13.	on üç	온 위취
14.	on dört	온 됴르트
15.	on beş	온 베쉬
16.	on altı	온 알트
17.	on yedi	온 예디
18.	on sekiz	온 세키즈
19.	on dokuz	온 도쿠즈
20.	yirmi	이르미

21.	yirmi bir	이르미 비르
30.	otuz	오투즈
31.	otuz bir	오투크 비르
40.	kırk	크르크
50.	elli	엘리
60.	altmış	알트므쉬
70.	yetmiş	예트미쉬
80.	seksen	섹센
90.	doksan	독산
100.	yüz	유즈
200.	iki yüz	이키 유즈
300.	üç yüz	위취 유즈
1,000.	bin	빈
1,100.	bin yüz	빈 유즈
10,000.	on bin	온 빈
50,000	elli bin	엘리 빈
100,000	yüz bin	유즈 빈
1,000,000	bir milyon	비르 밀리온
1,000,000,000	bir milyar	비르 밀리야르

2) 서수

첫 번째	birinci	비린지
두 번째	ikinci	이킨지
세 번째	üçüncü	위췬쥐
네 번째	dördüncü	됴르듄쥐
다섯 번째	beşinci	베쉰지
여섯 번째	altıncı	알튼즈
일곱 번째	yedinci	예딘지
여덟 번째	sekizinci	세키진지
아홉 번째	dokuzuncu	도쿠준주
열 번째	onuncu	오눈주

2. 요일, 달, 계절, 기타 시간 표현...

1) 요일

월요일	Pazartesi	파자르테시
화요일	Salı	살르
수요일	Çarşamba	차르샴바
목요일	Perşembe	페르쉠베
금요일	Cuma	주마
토요일	Cumartesi	주마르테시
일요일	Pazar	파자르

2) 달

1월	Ocak	오작
2월	Şubat	슈밧
3월	Mart	마르트
4월	Nisan	니산
5월	Mayıs	마이으스
6월	Haziran	하지란
7월	Temmuz	테무즈
8월	Ağustos	아우스토스
9월	Eylül	에일륄
10월	Ekim	에킴
11월	Kasım	카슴
12월	Aralık	아랄륵

3) 계절

봄	İlkbahar	일크바하르
여름	Yaz	야즈
가을	Sonbahar	손바하르
겨울	Kış	크쉬

4) 기타 시간 표현

| 아침에 | sabahleyin | 사바르레인 |
| 오후에 | öğleden sonra | 외일레덴 손라 |

저녁에	akşam	악샴
밤에	geceleyin	게제레인
어제	dün	듄
그저께	evvelki gün	에뻴키 균
오늘	bugün	부균
내일	yarın	아른
모레	ertesi gün	에르테시 균
지난주	geçen hafta	게첸 하프타
이번 주	bu hafta	부 하프타
다음주	gelecek hafta	겔레젝 하프타
이틀 전	iki gün önce	이키 균 왼제
이틀 후	iki gün sonra	이키 균 손라
지난달	geçen ay	게첸 아이
이번달	bu ay	부 아이
다음달	gelecek ay	겔레젝 아이
작년	geçen sene	게첸 세네
금년	bu sene	부 세네
내년	gelecek sene	겔레젝 세네
항상	her zaman	헤르 자만
매일	her gün	헤르 균

3. 국명, 국적, 언어

1) 국명, 국적

	국명	국적
한국(남한)	Kore(Güney Kore) 코레 (규네이 코레)	Koreli 코렐리
터키	Türkiye 튜르키예	Türk 튜르크
미국 (U.S.A)	Amerika 아메리카	Amerikalı 아메리칼르
	(Amerika Birleşik Devletleri) (아메리카 비르레쉭 데블레트레리)	
아프리카	Afrika 아프리카	Afrikalı 아프리칼르
남아프리카	Güney Afrika 규네이 아프리카	Güney Afrikalı 규네이 아프리칼르
아시아	Asya 아시야	Asyalı 아시얄르
오스트레일리아	Avustralya 아우스트랄리야	Avustralyalı 아우스트랄리얄르

불가리아	Bulgaristan 불가리스탄	Bulgar 불가르
캐나다	Kanada 카나다	Kanadalı 카나달르
중국	Çin 친	Çinli 친리
이집트	Mısır 므스르	Mısırlı 므스를르
영국	İngiltere 잉길테레	İngiliz 잉길리즈
유럽	Avrupa 아으루파	Avrupalı 아으루팔르
프랑스	Fransa 프랑사	Fransız 프랑스즈
독일	Almanya 알마니야	Alman 알만
그리스	Yunanistan 유나니스탄	Yunan 유난
이란	İran 이란	İranlı 이란르

이라크	Irak	Iraklı
	으락	으락르
이스라엘	İsrail	İsrailli
	이스라일	이스라일리
이태리	İtalya	İtalyan
	이탈리야	이탈리얀
일본	Japonya	Japon
	자폰야	자폰
요르단	Ürdün	Ürdünlü
	위르듄	유르듄뤼
중동	Orta Doğu	Orta Doğulu
	오르타 도우	오르타 도울루
스페인	İspanya	İspanyol
	이스파니야	이스파뇰
스위스	İsviçre	İsviçleli
	이스비츠레	이스비츠렐리
시리아	Suriye	Suriyeli
	수리예	수리옐리
러시아	Rusya	Rus
	루시야	루스

네덜란드	Hollanda	Hollandalı
	홀란다	홀란달르
헝가리	Macaristan	Macar
	마자리스탄	마자르
인도	Hindistan	Hindi
	힌디스탄	힌디

2) 언어

한국어	Korece	코레제
터키어	Türkçe	튜르크체
영어	İngilizce	잉길리즈제
프랑스어	Fransızca	프랑스즈자
독일어	Almanca	알만자
일본어	Japonca	자폰자
중국어	Çince	친제
러시아어	Rusça	루스차
아랍어	Arapça	아랍차
이란어	Farsça	파르스차
스페인어	İspanyolca	이스파뇰자
그리스어	Yunanca	유난자
이태리어	İtalyanca	이탈리안자

4. 알아두면 유용한 표현들

개점	Açık	아측
폐점	Kapalı	카팔르
화장실	Tuvalet	투왈렛
숙녀용	Bayanlar	바얀라르
신사용	Baylar	바이라르
비어있음	Boş	보쉬
사용 중	Meşgul	메쉬굴
당기세요	Çekiniz	체키니즈
미세요	İtiniz	이티니즈
입구	Giriş	기리쉬
출구	Çıkış	츠크쉬
갈아타기	Aktarma	악타르마
안내	Danışma	다느쉬마
주의	Dikkat	디캇
만지지 마세요	Dokunmayın	도쿤마이은
비상구	İmdat çıkış	임닷 츠크쉬
렌트	Kiralık	키랄륵
판매용	Satılık	사틀륵
금연	Sigara içilmez	시가라 이칠메즈
흡연 구역	Sigara içilir.	시가라 이칠리르
출입금지	Girmek yasaktır	기르멕 야삭트르

입장 무료	Giriş serbesttir	기리쉬 세르베스트티르
정지	Dur	두루
위험	Tehlike	테흘리케
수영금지	Yüzme yasaktır	유즈메 야삭트르
주차금지	Buraya park etmek yasaktır	
	부라야 파르크 에트멕 아삭트르	
주차장	Park yeri	파르크 예리
천천히	Yavaş	야와쉬
인도	Yayalar	야야라르
사진 촬영 금지	Fotoğraf çekilmez	포토으라프 체킬메즈

5. 신체 각 부위 표현

머리	Baş	바쉬
얼굴	Yüz	위즈
눈	Göz	괴즈
코	Burun	부룬
입	Ağız	아으즈
귀	Kulak	쿨락
입술	Dudak	두닥
볼	Yanak	야낙
팔	Kol	콜

손	El	엘
손가락	Parmak	파르막
몸, 신체	Beden	베덴
다리	Bacak	바작
발	Ayak	아약
어깨	Omuz	오무즈
목	Boyun	보윤
이	Diş	디쉬
턱	Çene	체네
등	Arka	아르카
무릎	Diz	디즈
엉덩이	Kalça	칼차
이마	Alın	알른
뼈	Kemik	케믹
피부	Cilt	질트
위	Mide	미데
신경	Sinir	시니르
간	Karaciğer	카라지에르
신장	Böbrek	뵈브렉
폐	Akciğer	악지에르
혀	Dil	딜
심장	Kalp	칼프

6. 색깔

베이지	bej	베지
검은색	siyah	시야흐
파란색	mavi	마비
갈색	kahverengi	카흐붸렌기
금색	altın rengi	알튼 렝기
초록색	yeşil	예실
회색	gri	그리
오렌지색	portakal rengi	포르타칼 렝기
분홍색	pembe	펨베
보라색	mor	모르
빨간색	kırmızı	크르므즈
은색	gümüş rengi	귀뮈쉬 렝기
흰색	beyaz	베야즈
노란색	sarı	사르

7. 과일 및 야채

파인애플	ananas	아나나스
배	armut	아르뭇
모과	ayva	아이봐

아몬드	badem	바뎀
호도	ceviz	제비즈
딸기	çilek	칠렉
사과	elma	엘마
자두	erik	에릭
무화과	incir	인지르
수박	karpuz	카르푸즈
멜론	kavun	카분
살구	kayısı	카이으스
체리	kiraz	키라즈
레몬	limon	리몬
귤	mandalina	만달리나
바나나	muz	무즈
석류	nar	나르
오렌지	portakal	포르타칼
복숭아	şeftali	쉐프탈리
포도	üzüm	위쥠
마늘	sarmısak	사르므삭
호박	kabak	카박
당근	havuç	하우츠
파	yeşil soğan	예실소안
양파	kuru soğan	쿠루소안
시금치	ıspanak	으스파낙

고추	biber	비베르
감자	patates	파타테스
양배추	lahana	라하나
오이	salatalık	살라타륵
무	turp	투르프
가지	patlıcan	파틀르잔
버섯	mantar	만타르

8. 식당에서 쓸 수 있는 단어들

포크	çatal	차탈
나이프	bıçak	브착
수저	kaşık	카시윽
컵	fincan	핀잔
유리컵	bardak	바르닥
냅킨	peçete	페체테
접시	tabak	타박
재떨이	kül tablası	퀼 타블라스
계산서	hesap	헤삽
차림표	menü	메뉘
팁	bahşiş	바흐쉬쉬
이쑤시개	kürdan	퀴르단

얼음	buz	부즈
버터	tereyağı	테레야으
빵	ekmek	에크멕
잼	reçel	레첼
소금	tuz	투즈
겨자	hardal	하르달
후추	kara biber	카라 비베르
소스	sos	소스
설탕	şeker	쉐케르
기름	yağ	야으
식초	sirke	시르케
물	su	수
포도주	şarap	샤랍
맥주	bira	비라
커피	kahve	카흐붸
차	çay	차이
우유	süt	쉬트
과일쥬스	meyve suyu	메이붸 수유
양고기	koyun eti	코윤 에티
소고기	sığır eti	스으르 에티
송아지 고기	dana eti	다나 에티
닭고기	tavuk /piliç	타욱/필리치
생선	balık	발륵

전채요리	meze	메제
수프	çorba	초르바
샐러드	salata	살라타
밥	pilav	필라브
디저트	tatılı	타틀르